Nostalgische Gaumenfreuden aus Vorpommern

Magrit Göllnitz
Nostalgische Gaumenfreuden aus Vorpommern
Urgroßmutters Erinnerungen für Leute von heute
Malerei und Grafik: Magrit Göllnitz

ISBN 978-3-933574-94-0
1. Auflage 2007

Magrit Göllnitz

Nostalgische Gaumenfreuden aus Vorpommern

Urgroßmutters Erinnerungen für Leute von heute

Vorwort

»Bei der riesengroßen Anzahl von bereits erschienenen und sehr guten Kochbüchern mag es als überflüssige Arbeit erscheinen, wenn noch ein neues Buch hinzukommen soll.«
... So begann mein Vorwort für das Buch »Nostalgische Gaumenfreuden aus Mecklenburg für Leute von heute« – im Jahre 1998.

Nun ist doch in der Tat der Wunsch wach geworden, ein Gegenstück zum ersten Buch herauszubringen, um ebenfalls für den Landesteil Vorpommern die alten, überlieferten Rezepturen unserer Urgroßmütter in Erinnerung zu bringen.

Durch persönliche Gespräche mit Nachbarn, Freunden und Verwandten in verschiedenen Regionen in Vorpommern, u.a. auf dem Darß, in der Gegend um Barth, Rügen, Stralsund, Greifswald. Insbesondere in Orten um den Greifswalder Bodden, wie Freest und Spandowerhagen, von der Insel Usedom sowie durch Telefonate, E-Mails, Briefe gab es eine Fülle von Informationen und Zusendungen alter Rezepturen und alter Kochbücher. Erweitert durch alte traditionelle Ereignisse und Feste rund um das Jahr sowie Spökerie und Aberglauben in Mecklenburg und Vorpommern, gibt es auch wieder viele von Omas nützlichen Tips rund um den Haushalt. Lustige alte deutsche Kinderreime, Bauern- und Wetterregeln, »Klauge Sprüch« und »Wat de Lüd seggen« wurden für dieses Buch zusammengestellt und werden für Heiterkeit beim Kochen und Erzählen in geselliger Runde sorgen.

Der Grundgedanke, der zum Erarbeiten der Kochbücher für Mecklenburg-Vorpommern führte, war, Traditionen weiterzuleben und Erinnerungen zu wecken. Und das geht einfach wunderbar beim Kochen mit der Familie und mit Freunden. Großmutters Küche ist eine sehr schmackhafte Küche, eine bodenständige Küche, der einfachen, derben und kräftigen Art, die oft aus der Not heraus entstand und mit den frischen Zutaten der Jahreszeit auskommt. Natürlich gibt es auch die kreative Seite, die Küche der feineren Art. In dem Sinne soll die kleine Auswahl der Rezepte in diesem zweiten, etwas anderen Kochbuch die guten nostalgischen Gerichte wieder aufleben lassen und auch Gästen zeigen, wie gemütlich, genüßlich und schön unsere Region ist.

Rostock, Februar 2007 — Magrit Göllnitz

Vorpommern

Vorpommern ist ein Teil der historischen Region Pommern und bildet zusammen mit Mecklenburg das Bundesland Mecklenburg-Vorpommern. Es umfasst den östlichen Teil und etwa ein Drittel des Landes. Vorpommern liegt im Nordosten Deutschlands, grenzt im Osten an Polen und im Norden an die Ostsee, im Westen an den Landesteil Mecklenburg und im Süden an das Bundesland Brandenburg. Die historische Grenze zwischen Mecklenburg und Vorpommern – sie verläuft vom Fischland westlich von Ahrenshoop nach Süden, quert den Saaler Bodden bis zur Recknitzmündung, trennt das Mecklenburgische Ribnitz vom pommerschen Damgarten – führt mittig von Recknitz und Trebel bis nördlich von Demmin, um westlich Demmins auf die Peene zu stoßen, führt entlang dieser bis zum Kummerower See, quert diesen und verläßt ihn entlang der Ostpeene. Südlich Altentreptows trifft sie auf die Grenze zum Landkreis Mecklenburg-Strelitz und umrundet Werder und Friedländer Große Wiese entlang des Kleinen und Großen Landgrabens sowie des Weißen Grabens, bis sie schließlich südlich von Rothemühl auf die Landesgrenze zu Brandenburg trifft. Vorpommern wird vor allem durch seine lange Küste geprägt, die den größten Teil der Küste von Mecklenburg-Vorpommern einnimmt. Typisch ist eine ausgeprägte »Doppelküste«, bei der vorgelagerte Inseln sogenannte Bodden vom offenen Meer trennen, die in dieser Form eine einmalige Landschaft darstellen. Mit Rügen und Usedom besitzt Vorpommern die beiden größten deutschen Inseln. Größte Stadt in Vorpommern ist die einst zur Hansezeit mächtig gewesene Hansestadt Stralsund.

Pommernlied

Wenn in stiller Stunde Träume mich umwehn,
bringen frohe Kunde Geister, ungesehn,
reden von dem Lande meiner Heimat mir,
hellem Meeresstrande, düsterm Waldrevier.

Weiße Segel fliegen auf der blauen See,
weiße Möwen wiegen in der blauen Höh'.
Blaue Wälder krönen weißer Dünen Sand.
Pommerland, mein Sehnen ist dir zugewandt!

Aus der Ferne wendet sich zu dir mein Sinn,
aus der Ferne sendet trauten Gruß er hin.
Traget, laue Winde, meinen Gruß und Sang:
Wehet leis' und linde, treuer Liebe Klang.

Bist ja doch das eine in der ganzen Welt,
bist ja mein, ich deine, treu dir zugestellt,
kannst ja doch von allen, die ich je gesehn,
mir allein gefallen, Pommerland so schön!

Jetzt bin ich im Wandern, bin bald hier, bald dort,
doch aus allem andern treibt's mich immer fort.
Bis in dir ich wieder finde meine Ruh',
send' ich meine Lieder dir, o Heimat, zu!

Worte: Adolf Pompe, 1850, Musik: Karl Groos

Inhaltsübersicht

Suppen

fruchtig, süß und herzhaft

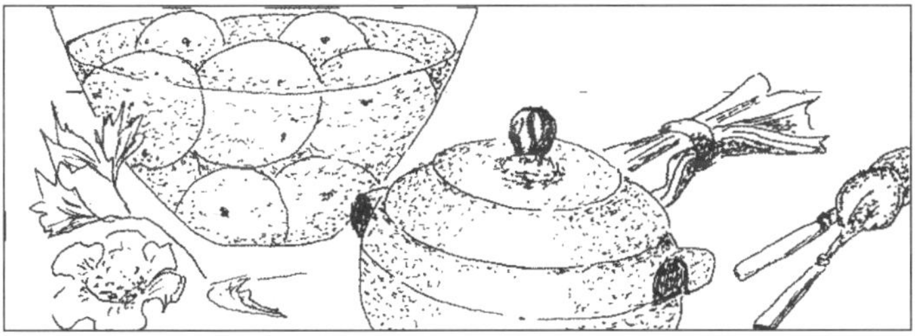

Inhalt Seite

Inhalt Seite

Wassergrießsuppe

50 g feiner Grieß werden in 1 1/4 Liter Flüssigkeit eine Viertelstunde gekocht. Dieser Flüssigkeit gibt man nach Belieben Geschmack:
Man kocht darin 2 Eßlöffel Korinthen, 2 Eßlöffel Zucker, 1 Stückchen Zimt, 1/2 Teelöffel Salz oder nimmt anstatt des Wassers einen Teil Obstsaft. Auch kann man anstatt des Grießes 1 Päckchen Rote Grützepulver nehmen, um der Suppe ein besseres Aussehen zu geben. Der Grieß ist gar, wenn er nicht mehr sinkt.

Sagosuppe mit Wein oder Obstsaft

Zu den Suppen kann man anstatt des Mehles oder Grießes Sago verwenden. Gewürzt wird mit 1 Prise Salz, 2 Eßlöffeln Zucker, 1 Stück Zimt, 3 ganzen Nelken und nach Wunsch mit Korinthen.
Man rechnet 2 Eßlöffel Sago (60-65 g), weicht diesen 1-2 Stunden ein und kocht ihn unter häufigem Rühren in 5-10 Minuten klar. Nimmt man anstatt des Obstsaftes Rotwein oder Apfelwein, so darf der Wein nicht kochen.

Biersuppe mit Stuten

Man kocht und schäumt Bier ab, gibt auf einen Liter 100 g Stuten (eine Art von Rosinen-Hefebrötchen), 10 g Butter, 6 gehackte süße Mandeln und ein wenig Zitronenschale. Eine Viertelstunde kochen lassen, dann reibt man alles durch ein Sieb und bringt es mit einer kleinen Handvoll Korinthen und etwas Zucker nochmals zum Kochen.

Buttermilchsuppe

mit schwarzer Johannisbeere

1 Liter Buttermilch wird mit etwas Salz zum Kochen gebracht.

Mit 1/4 Liter kalter Buttermilch werden dann 3 Eßlöffel Mehl glattgerührt und damit die Buttermilch gebunden. Jetzt nochmals alles ca. 5 Minuten leicht köcheln lassen, dann zum Abkühlen vom Herd nehmen. In einer Schüssel werden nun 2 Eigelb, 5 Eßlöffel Puderzucker und 1 Päckchen Vanillezucker schaumig gerührt und in die abgekühlte Buttermilch gequirlt. Des weiteren fügt man 4 bis 5 Eßlöffel Schwarze Johannisbeerkonfitüre dazu. Die Suppe kann heiß oder kalt gelöffelt werden. Ein Genuß!

Suppe von Backpflaumen

Man setzt ca. 500 g Backpflaumen reichlich bedeckt mit Wasser an, schneidet mehrere Zitronenscheiben mit Schale (unbehandelte), gibt sie dazu und läßt alles zusammen aufkochen. Sind die Pflaumen weich, reibt man alles durch ein Sieb. Dazu röstet man Weißbrotwürfel in Butter, gibt sie zur Suppe und bestreut alles mit Zucker und Zimt.

Kirschsuppe

Man steint Sauerkirschen aus, setzt das Fruchtfleisch mit kaltem Wasser – 1 Liter auf 500 g Kirschen – an und läßt es eine halbe Stunde lang kochen. Die Kirschsteine kocht man ebenfalls in wenig Wasser, das man danach durch ein Sieb mit an die Suppe gibt. Während des Kochens süßt man mit 200 g Zucker, sämt die Suppe mit etwas Stärkemehl an oder kocht Sago darin – man rechnet etwa 1-2 Eßlöffel Sago auf einen Liter Fruchtsaft.

Holunderbeeren-Suppe

»Gesundsuppe« mit Zimtklößen

2 Liter Holundersaft, den Saft einer Zitrone, Zucker nach Bedarf, 3 Gewürznelken und ein Stück Zimtrinde werden für diese »Gesundsuppe« in einem Topf zum Köcheln gebracht. Nach Belieben werden Früchte wie Äpfel, Birnen, Kirschen oder Pflaumen kleingeschnitten und in dem köchelnden Holundersaft gegart.

Als Suppeneinlage werden süße Zimt-Klümp (Zimt-Mehlklößchen) zubereitet: Etwa 200 g Mehl werden mit 4 bis 5 Eßlöffeln Zucker, 1 Ei, 1 Messerspitze Zimt und etwas lauwarmem Wasser in einer Schüssel zu einem festen Kloß verrührt. Davon mit einem Tee- oder Eßlöffel Klößchen abstechen und in die leicht kochende Suppe geben. Die Klöße sind gar, wenn sie oben schwimmen. Die Fruchtsuppe mit 1 bis 1,5 Eßlöffel Kartoffelmehl binden, kurz aufkochen lassen und anschließend genießen.

Holundersaft als Heißgetränk bei Erkältungen wirkt Wunder: Ungesüßten Holundersaft mit etwas Zucker nach Geschmack, 1 Stückchen Zimtrinde und 3 Gewürznelken köcheln lassen, dann den Topf vom Herd nehmen, durchseihen und mit dem Saft einer frisch gepreßten Zitrone auffüllen. Der Holundersaft muß schluckweise und möglichst heiß getrunken werden.

Weißweinsuppe mit Zimt

1/2 Liter Wasser, 1/2 Liter Weißwein, 1 Stange Zimt, 5 Eßlöffel Zucker, 1 Eßlöffel Zitronenschale von einer unbehandelten Zitrone, 1 Päckchen Vanillezucker, 1 Prise Salz, 2 Eßlöffel Kartoffelstärke und 1 Eigelb werden benötigt.
Das Wasser wird mit Zimt und Zitronenschale zum Kochen gebracht. Dann wird die kalt angerührte Kartoffelstärke eingerührt und aufgekocht.
Nun gibt man Wein und Zucker hinzu und erhitzt die Suppe, läßt sie aber nicht mehr kochen. Zuletzt quirlt man das Eigelb darunter und verfeinert mit Schlagsahne.

Mehlklöße

eine süße Klößchen-Einlage für Obstsuppen

Nach Gefühl: Eine kleine Schüssel halb mit Mehl gefüllt und 1 Messerspitze Backpulver vermischt, 2 Eßlöffel Zucker, 1 Päckchen Vanillezucker, 1 Ei, 1 Prise Salz, etwas lauwarmes Wasser und 1 Teelöffel Zimtpulver werden benötigt.
Alle Zutaten zu einer dickflüssigen zähen Masse verrühren und mit einem Tee- oder Eßlöffel abstechen und in die kochende Suppe geben. Die Klößchen sind gar, wenn sie oben schwimmen.

Grießklöße, eine Suppeneinlage

3/4 Liter Milch, 250 g Grieß, 4 Eier, 2 Eßlöffel Butter, 1 Teelöffel Salz und 1 Prise Muskat werden benötigt.
Die Milch wird mit Butter und Salz zum Kochen gebracht. Den Grieß langsam unterrühren, bis die Masse fest wird, dann 2 Eier in die heiße Masse einrühren. Nach dem Abkühlen die anderen 2 Eier unterrühren, Klöße formen und in schwach gesalzenem Wasser 15 bis 20 Minuten garen.

Backobstsuppe

200 g gemischtes Backobst, 1/2 Stange Zimt, 6 Eßlöffel Zucker, 1 Päckchen Puddingpulver mit Fruchtgeschmack, 100 g Reis, Sago, Makkaroni oder Nudeln, 1/8 Liter saure Sahne.
Das vorbereitete Backobst in 1/4 Liter Wasser einweichen, mit einem guten 1/2 Liter Wasser, Zucker und Zimt zum Kochen bringen und garen. Puddingpulver in 1/8 Liter Wasser anrühren und die Suppe damit binden. Mit extra gekochtem Reis, Sago, Makkaroni oder Nudeln und saurer Sahne zu Tisch bringen. Backobstsuppe kann warm oder kalt verzehrt werden.

Schokoladensuppe

Diese Suppe bereitet man aus 1/2 Liter Milch und 1/2 Päckchen Schokoladenpudding, 25-30 g Zucker und 1 Prise Salz. Man kann die Suppe mit dem Schnee von 1 Eiweiß verfeinern.
Die Suppe ist als Morgen - oder Abendsuppe für Kinder ganz besonders zu empfehlen.

Zitronensuppe

1,5 Zitronen, 4 Eßlöffel Zucker, 2 Eßlöffel Rosinen, 40 g Maisan, 1 Eigelb, 1 Eiweiß, 1 Päckchen Vanillezucker werden benötigt. 1 unbehandelte Zitrone gründlich waschen und dünn schälen. Zitronenschale in 3/4 Liter Wasser mit Zucker und Rosinen kochen. Maisan in 1/4 Liter kaltem Wasser anrühren und die Suppe damit andicken. Gut durchkochen lassen. Die Zitronenschale entfernen. Den Topf vom Herd nehmen und die Suppe mit Eigelb legieren. Eiweiß sehr steif schlagen, Vanillezucker zufügen, kleine Häufchen abstechen und auf die heiße Suppe setzen.

Milchsuppe
mit Klackerklieben

Ein Liter Milch wird mit 50 g Zucker, einer Prise Salz und 1/2 Zimtstange aufgekocht (den Topfrand buttern, das verhindert ein Überkochen der Milch). Dann rührt man so viele ganze Eier mit Mehl zusammen, bis daraus eine dickflüssige Masse entsteht, die gerade noch vom Löffel läuft. Gewürzt wird mit einer Prise Salz und etwas frisch geriebenem Muskat. Diese Kliebenmasse läßt man nun über einen Quirl in die kochende Milch hinein »klackern«.

Milchgrießsuppe

1 Liter Milch, 1/4 Liter Wasser, 4 Eßlöffel Grieß, 1/2 Teelöffel Salz, 1 Stück Zimt, 1 Tropfen Zitronenöl.
Milch, Wasser und Gewürz bringt man zum Kochen und streut den Grieß langsam hinein. Er muß unter fleißigem Rühren eine Viertelstunde köcheln. 1 Eßlöffel Butter verfeinert die Suppe.

Milchsuppe, der feineren Art

1 Liter Milch, 3 Eier, 1-2 Eßlöffel Honig oder Sirup (auch Zucker), 1 Prise Salz und 3 Eßlöffel süße Sahne.
Milch zum Kochen bringen. Eier mit Honig, Salz und Sahne gut verquirlen und unter die heiße Milch rühren. Die Suppe nicht mehr kochen lassen.

Milchkartoffeln

Man kocht geschälte Kartoffeln recht weich, salzt aber vorsichtig. Die abgegossenen Kartoffeln schüttet man in soviel kochende Milch, daß sie etwa 3 cm hoch damit bedeckt sind. Dazu gibt man dann ein Stück Butter und zur Würze 1 Lorbeerblatt und 2 Pimentkörner und läßt das Ganze etwa 5-10 Minuten köcheln. Kurz vor dem Anrichten würzt man noch mit Pfeffer. Dazu schmeckt ein Stück geräucherter Schinken.

Süß-saure Linsensuppe
mit geräucherten Schälrippchen

Zutaten: 500 g Linsen, 1 kg geräucherte Schälrippchen (oder auch 1 kg Kaßler im Stück, mit Knochen), 250 g durchwachsener Speck, 500 g Kartoffeln, 1 Bund Suppengrün (Mohrrüben, Sellerie, Porree), 3 Zwiebeln, Salz, Zucker, Essig, 100 g Butter und 3 bis 4 Eßlöffel Mehl.

500 g Linsen waschen und in kaltem Wasser über Nacht quellen lassen. Zwiebeln schälen und vierteln. Sellerie fein würfeln, Porree in Ringe schneiden, Kartoffeln schälen und in Würfel schneiden. Schälrippchen waschen und dann alles zusammen mit den abgegossenen Linsen mit 2,5 Liter Wasser aufsetzen und 2 bis 3 Stunden köcheln lassen.

Fleisch entnehmen, vom Knochen lösen und portionieren, dann warm stellen. Den durchwachsenen Speck würfeln, in einer Pfanne in Butter ausbraten, dann die kleingeschnittenen Zwiebeln dazugeben und leicht im Fett anbräunen. Zum Schluß wird die Mehlschwitze in dem Speck-Zwiebel-Fett zubereitet, sie muß eine hellbraune Farbe annehmen. Nun wird mit der Suppenbrühe die Mehlschwitze aufgefüllt, bis eine sämige Sauce entsteht – mit Essig, Zucker und Salz wird zuletzt die herzhafte Linsensuppe gewürzt und abgeschmeckt, das Fleisch wird auf die Teller gelegt und mit der Suppe überfüllt.

Erbsensuppe mit Rindfleisch

Man benötigt für die Erbsensuppe:
500 g getrocknete gelbe oder grüne Schälerbsen, 2,5 Liter Gemüsebouillon, 500 g Rindfleisch, 1 Stange Porree, 1/2 Sellerieknolle und frisches, junges Selleriegrün, 500 g Kartoffeln, 2 Zwiebeln, 50-100 g Butter, gewürzt wird mit Salz.

500 g gelbe Erbsen werden gewaschen und über Nacht in kaltem Wasser zum Quellen eingeweicht. Abgegossen kommen dann die Erbsen in 2,5 Liter Gemüsebrühe in einen großen Kochtopf, zusammen mit dem Rindfleisch (man kann auch geräucherte Mettwurst, geräucherte Lungenwurst oder Schweineschnauzen und Ohren mit in die Suppe geben), 1 geputzten und in Ringe geschnittenen Stange Porree, 1/2 geschälten und kleingeschnittenen Sellerieknolle und Selleriegrün sowie 500 g geschälten, würflig geschnittenen Kartoffeln. Die Kochzeit beträgt etwa 3 Stunden. Das Fleisch wird in Würfel geschnitten und bleibt in der Suppe. Zum Schluß fügt man noch in Butter gedünstete Zwiebeln hinzu. Angerichtet wird in einer Suppenschüssel, garniert wird mit viel frischer, feingehackter Petersilie, dazu reicht man auch frisch gebackenes knuspriges Zwiebelbrot.

Möhrentopf
mit weißen Bohnen

150 g Rauchfleisch, 2,5 Liter Wasser, 200 g weiße Bohnen, 600 g Möhren, Salz, 1 Teelöffel Majoran, 1 Eßlöffel Mehl. Das Rauchfleisch in 1/2 Liter Wasser kochen, nachdem die verlesenen weißen Bohnen in dem übrigen Wasser mehrere Stunden eingeweicht wurden. Die zerkleinerten Möhren in die siedende Rauchfleischbrühe geben und zugedeckt gar dünsten lassen. Die Bohnen in dem leicht gesalzenen Einweichwasser gesondert gar kochen, dabei den Majoran zugeben. Das herausgenommene Fleisch kleinschneiden, alle Zutaten zusammenschütten und mit dem kalt angerührten Mehl binden.

Kartoffelsuppe nach
Pommerscher Art – mit Klößcheneinlage

Es werden für 6 Personen benötigt: etwa 2 kg mehlig kochende Kartoffeln, 250 g Mohrrüben, 1 große Stange Porree, 2 Zwiebeln, 1/2 Knolle Sellerie, Salz, Pfeffer, 1 Bund Petersilie, 200 g saure oder süße Sahne, 2 Liter Gemüsebrühe oder Wasser, einige Spritzer Speisewürze.

Kartoffeln, Mohrrüben, Sellerie und Porree schälen, putzen, waschen und kleinschneiden. Dann das Gemüse in der Brühe etwa eine halbe Stunde garen, danach pürieren und nun mit Salz und Pfeffer und ein paar Spritzern Maggiwürze abschmecken. Zum Schluß die Suppe mit der sauren oder süßen Sahne und der feingehackten Petersilie verfeinern.

Die Kartoffelsuppe wird in vielen Gegenden auch mit Mehlklößchen serviert. Dazu gibt man in eine Schüssel etwas Mehl, 1 Ei, eine Prise Salz, eine Prise Zucker und etwas lauwarmes Wasser. Alles miteinander zu einem großen Mehlkloß verrühren. Die Klöße werden mit einem Löffel, den man zuvor in kochendes Wasser getaucht hat, abgestochen und in die kochende, dann jedoch aber nicht pürierte Suppe gegeben. Schwimmen sie oben, sind sie gar. Die Klöße waren immer und sind heute noch für »Kenner« das beste an der Kartoffelsuppe.

Kartoffelsuppe mit saurer Sahne

250 g Knochen, 150 g Wurzelwerk, 1/2 Sellerieknolle, 600 g Kartoffeln, Salz, 1 Eßlöffel Mehl, 10 g getrocknete Pilze, 1/8 Liter saure Sahne und 1 Eßlöffel gehackte Petersilie werden benötigt. Die gewaschenen Knochen, das geputzte und kleingeschnittene Gemüse und die Pilze werden in 1 3/4 Liter Wasser, leicht gesalzen, gar gekocht. Die Brühe dann abseihen und darin die geschälten, kleingeschnittenen Kartoffeln garen. Das Mehl in 1/8 Liter Wasser anrühren und die Suppe damit binden. Die saure Sahne unterrühren. Mit Salz abschmecken, mit der Petersilie bestreut servieren. Tip: 2-3 kleingeschnittene Würstchen zusammen mit einer kleingeschnittenen Zwiebel in etwas Fett leicht gebräunt anbraten und zur Suppe geben, macht diese noch herzhafter.

Mehlklöße zu Backobst oder Braten

2 Eßlöffel Butter, 1 Teelöffel Salz, 3 Eier, 1/4 Liter Milch, 500 g Mehl, 2 Teelöffel Backpulver, 1 Messerspitze Muskat werden benötigt. Aus den Zutaten einen Teig rühren, bis er blasig wird, dann mit einem nassen Eßlöffel die Klöße abstechen und im siedenden Salzwasser 15 Minuten ziehen lassen.

Mangkokt Äten

Gemüseeintopf – quer durch den Garten

Suppengemüse putzen, kleinschneiden und mit Gemüsebrühe oder Wasser ansetzen, leicht salzen und köcheln lassen. Dazu gibt man alle Gemüsearten der Saison, z.B. grüne Bohnen, Kohlrabi, Blumenkohl, Erbsen, Mohrrüben und natürlich Kartoffeln – alles Gemüse wird kleingeschnitten und man läßt dann alles zusammen garen, »mangkoken«, würzt nach Geschmack und sähmt mit einer braunen Mehlschwitze an.

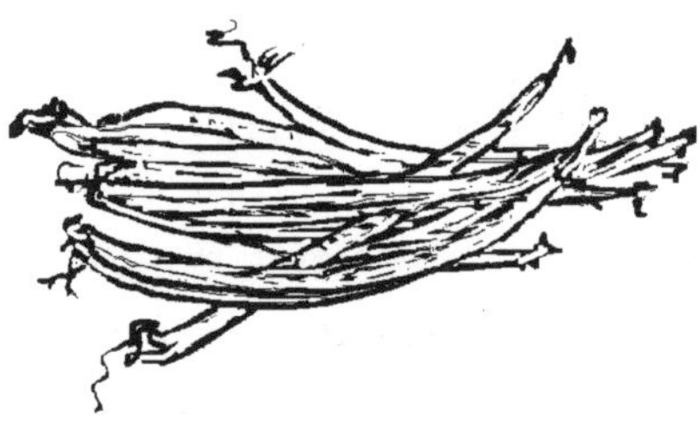

Hack-Gemüse-Suppe

Je 500 g Schweine- und Rindergehacktes leicht salzen und pfeffern, in etwas Speiseöl hell anbraten, 6 kleine Stangen Porree putzen und kleinschneiden und zusammen mit 2 Dosen Champignons mit Sud zu dem Mischhack geben, gut verrühren und mindestens 10 Minuten köcheln lassen. Gebunden wird mit 400 g Kräuterschmelz- und 200 g Sahneschmelzkäse (in der Suppe auflösen). Eventuell mit gekörnter Brühe abschmecken.
Eine andere Suppen-Bindung: 1 Sahneschmelzkäse und 1 Becher süße Sahne, abgeschmeckt wird mit Maggiwürze. Man kann zusätzlich auch 1 Dose geschälte Tomaten für diese Suppe verwenden. Zum Schluß mit gehackter Petersilie oder anderen frischen Kräutern bestreuen.

Sauerkrautsuppe

mit Kochschinken oder Gehacktem

250 g Pommern-Kochschinken oder auch 500 g Gehacktes halb vom Rind und halb vom Schwein (muß angebraten werden und kann dann mitkochen), 2 Zwiebeln, 300 g Kartoffeln, 2 Möhren, 2 Birnen oder Äpfel, 1 Eßlöffel Schmalz, 1 kleine Dose Sauerkraut, 1/2 Liter Gemüsebrühe, 1 Lorbeerblatt, 1/2 Teelöffel gemahlener Kümmel sowie Salz und Pfeffer und eine Prise Zucker werden benötigt.

Zwiebeln abziehen, Kartoffeln und Möhren schälen, Birnen vierteln, das Kerngehäuse entfernen und alles in Würfel schneiden. Schmalz erhitzen, gewürfeltes Obst und Gemüse hineingeben und andünsten. Sauerkraut hinzugeben und ebenfalls mitdünsten lassen. Brühe angießen, Lorbeerblatt, Kümmel und Wacholderbeeren hinzufügen und alles abgedeckt etwa 30 Minuten garen. Sauerkrautsuppe mit Salz, Pfeffer und evtl. einem Schuß Weißwein abschmecken. Kochschinken in Würfel schneiden, dazugeben und nochmals kurz aufkochen lassen.

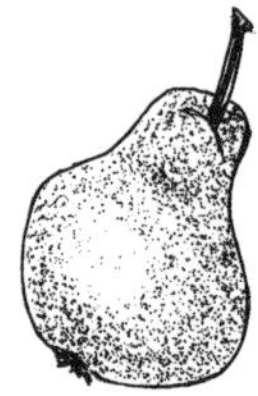

Brotsuppe
herzhaft, pikant

200 g Kalbs- oder Rinderknochen, 200 g Suppengemüse, 50 g Zwiebeln, 150 g trockenes Schwarzbrot, feingemahlener Kümmel, Salz, 2 Eigelb, 1/8 Liter Milch, 40 g Butter und etwas Petersilie werden benötigt.

Die gewaschenen Knochen, das geputzte Suppengemüse und die in Scheiben geschnittenen Zwiebeln in 1,5 Liter Wasser kochen und durch ein Sieb geben. In 1/2 Liter der Brühe das Brot aufkochen, durch ein Sieb streichen und in die Brühe geben. Mit gemahlenem Kümmel und Salz abschmecken. Das Eigelb mit Milch verquirlen und die Suppe binden, die Butter unterrühren. Die Suppe mit gewiegter Petersilie bestreuen – dazu kann man geröstetes Weißbrot reichen.

Pommersche Graupensuppe

10 g getrocknete Pilze, 250 g Suppengemüse, 200 g Knochen, 100 g Perlgraupen, 40 g Butter oder Margarine, 250 g Kartoffeln, Salz, 1 Eßlöffel gehackte Petersilie.
Die eingeweichten Pilze und das geputzte Suppengemüse (ganz lassen) zusammen mit den gewaschenen Knochen in 1,5 Liter Wasser kochen, anschließend durch ein Sieb geben. Suppengemüse und Pilze in dünne Streifen schneiden. Die Graupen in knapp 1/2 Liter Wasser kochen, mit kaltem Wasser abschrecken und 20 g Butter dazugeben. Die in Würfel geschnittenen Kartoffeln in der Brühe garen. Die Graupen, Pilze, das Gemüse und Salz dazugeben. Den Rest der Butter unterrühren, mit der gehackten Petersilie bestreuen und servieren.
Tip: Die Graupensuppe kann mit Eigelb oder saurer Sahne verfeinert werden.

Graupensuppe mit Backpflaumen

150 g Graupen, 100 g Butter, etwa 1 bis 1,5 Liter Salzwasser, 250 g eingeweichte Backpflaumen, etwas Zitronenschale, 1 Stückchen Zimt, Salz, 2 Eßlöffel Sirup, 250 g durchwachsener Speck oder Rauchfleisch.

Die Graupen mit der Hälfte der Butter anschwitzen, dann Wasser zugießen, möglichst dick lassen, und unter öfterem Umrühren zugleich mit dem Speck etwa 45 Minuten weichkochen. Zum Schluß den Speck herausnehmen und warm stellen. Die Backpflaumen zusammen mit den Zitronenschalen und Zimt in wenig Einweichwasser etwa 15 Minuten weichdünsten, dann in die Suppe geben und mit Salz und Sirup abschmecken. Die restliche Butter gebräunt darübergeben. Den Speck jetzt in Scheiben schneiden und getrennt zur Suppe reichen.

Rote-Bete-Suppe
mit Rindfleisch

600 g Rindfleisch, 2 Markknochen, 1 Brühwürfel, 1/2 Teelöffel Kümmel, 12 Pfeffer- und 6 Pimentkörner, 1 Liter Wasser, 1 Bund Suppengrün, 600 g Rote Bete, etwas Essig, 1/2 Bund Majoran, Salz, Pfeffer, 100 g durchwachsener Speck, 1 Zwiebel, 600 g Kartoffeln, 1/4 Liter saure Sahne werden benötigt. Rindfleisch und Markknochen abspülen und mit dem Brühwürfel, Kümmel, Pfeffer- und Pimentkörnern im Wasser zum Kochen bringen, dann abschäumen und kochen lassen. Das Suppengrün putzen, waschen, die schönsten Stücke in Würfel schneiden und beiseite stellen. Das übrige Suppengrün in die Brühe geben. Rote Bete in Wasser weichkochen, dann in kaltem Wasser abschrecken, schälen, raspeln und mit Essig beträufeln. Das gare Rindfleisch aus der Brühe nehmen und warmstellen. Die Brühe durch eine Sieb gießen und nun das gewürfelte Suppengrün darin weichkochen, dann die Rote Bete sowie die gezupften Majoranblätter in die Brühe geben, mit Salz und Pfeffer abschmecken. Speck und abgezogene Zwiebeln in kleine Würfel schneiden und in einer Pfanne anbraten. Die gekochten, in grobe Stücke geschnittenen Kartoffeln hinzufügen und durchschwenken, das in Scheiben geschnittene Rindfleisch mit den Kartoffeln in die Suppe geben, mit Sahne verfeinern und servieren.

Wruckensuppe

mit Kaßler oder Schälrippchen

500 g Kaßler im Stück, 1 große gelbe Wrucke, 3-4 Möhren, 500 g Kartoffeln, Salz, Majoran, 100 g Margarine und 3 Eßlöffel Mehl werden benötigt.

Die Wrucke (Steckrübe), die Kartoffeln sowie die Möhren waschen, putzen und in mittlere Würfel schneiden und in einen Topf geben, mit kaltem Wasser auffüllen und das Stück Kaßler im Ganzen dazugeben. Mit Salz und Majoran würzen und alles ordentlich kochen lassen bis das Fleisch gut gar ist. Die Wrucken sollten nicht zerfallen. Ist das Fleisch gegart, wird es herausgenommen und kleingeschnitten, dann wieder in die Suppe zurückgelegt.

Die Margarine in die Pfanne geben, erhitzen und das Mehl darin schön braun anschwitzen, dann in die Suppe geben, alles nochmals gut durchrühren, aufwallen lassen bis eine Bindung entsteht, und dann servieren.

Hühnersuppe
Häunersupp

1 Suppenhuhn, 1 Sellerieknolle, 3 große Möhren und 1 große Zwiebel werden benötigt.
Das Huhn gut in kaltem Wasser waschen, Gemüse putzen und kleinschneiden. Das Huhn wird ganz gelassen und in etwa 2 Liter kaltem, leicht gesalzenem Wasser aufgesetzt, dazu gibt man das geschnittene Gemüse bis auf die Möhren und läßt alles köcheln, bis das Huhn gar ist. Die Möhren werden in der letzten Gar-Phase mit dazugegeben, da sie schnell weichgekocht sind. Zwischenzeitlich darauf achten, daß die Brühe abgeschäumt wird. Das Huhn dann aus der Brühe nehmen und das Fleisch in Würfel schneiden, die Haut entfernen.
Man kann die Suppe klar lassen, mit Eidotter abquirlen oder auch mit Mehl und Butter binden, (Mehl und Butter zusammenkneten und in die Suppe geben, köcheln lassen, bis eine Bindung entsteht). Serviert wird mit dem Gemüse.
Auf Usedom reichte man auch einen süßen Grießpudding separat zu der Suppe, jeder stach sich dann mit einem Löffel kleine Portionen ab und gab sie als Beilage in die Suppe.

Saucen

Inhalt Seite

Inhalt Seite

Grundsaucen

Schwitzmehl, Einbrenne, Weißmehl oder Braunmehl

Zum Schwitzmehl macht man Butter, die man auch mit ausgelassenem Rindertalg versetzen kann, im Tiegel heiß. Für die hellen Saucen wird das Mehl unter beständigem Rühren im Tiegel solange gerührt, bis es sich kräuselt, Blasen wirft und gelb erscheint. Für die braunen Saucen wird das Mehl solange mit der Butter gerührt, bis es eine schöne braune Farbe erhalten hat.
Will man Zwiebeln oder Schalotten mitrösten, so gibt man sie erst kurze Zeit vor dem Mehl hinein, da sie sonst leicht verbrennen. Dann nimmt man die Mehlschwitze vom Feuer und gießt solange kalte Flüssigkeit hinzu, bis die Masse glattgerührt ist. Dann aufkochen und mit soviel Flüssigkeit auffüllen, wie für die Sauce notwendig ist.

Knoblauchsauce

Man bereitet mit 2 Eßlöffeln Schweineschmalz ein hellbraunes Schwitzmehl, zerreibt 4-5 Knoblauchzehen und gibt sie in das Schwitzmehl; hierauf gießt man 1/2 Liter Fleischbrühe dazu, läßt die Sauce tüchtig kochen und streicht sie vor dem Anrichten durch ein Sieb. Statt der Fleischbrühe kann man auch kochendes Wasser nehmen und dann die Sauce mit 10 bis 12 Tropfen Maggiwürze verfeinern.

Braune Specksauce

Man brät 100 g in kleine Würfel geschnittenen Speck aus, gibt eine kleine geschnittene Zwiebel und 2 Eßlöffel Mehl hinein und läßt alles bräunen, wobei man es durch Umrühren vor dem Verbrennen schützen muß. Das braune Schwitzmehl füllt man mit 1/2 Liter kochendem Wasser auf, fügt 1 Teelöffel Fleischextrakt und nach Geschmack Essig, Salz und ein wenig Zucker hinzu, läßt die Sauce sähmig kochen und würzt sie mit einem knappen halben Teelöffel Maggiwürze. Statt des Zuckers kann man auch Sirup nehmen.

Rosinensauce

Diese Sauce wird genauso hergestellt wie die braune Specksauce, doch läßt man die Zwiebeln weg und gibt stattdessen 1/2 Tasse Rosinen, die man vorher in Wasser langsam kochen lassen hat, mit ihrem Wasser in die Sauce. Um die Sauce im Geschmack zu kräftigen, würzt man sie zuletzt mit 1/2 Teelöffel Maggiwürze. – Nach Belieben kann man auch das Braunmehl mit Butter zubereiten. Diese Sauce eignet sich zu gekochtem Rindfleisch, doch besser noch zu Kalbfleisch.

Braune Champignonsauce

Eine Tasse Champignons werden geputzt, gewaschen und in Streifen geschnitten und hierauf nebst einer kleinen Zwiebel in 2 Eßlöffeln Butter gedünstet. Dann gibt man 1 Eßlöffel Mehl dazu, läßt es braun werden und kocht die Sauce mit 1/2 Liter Bouillon auf; als Würze gibt man Salz, ein wenig geriebene Muskatnuß und ein paar zusammengebundene Stiele Petersilie hinein. Man läßt die Sauce 15-20 Minuten kochen, schäumt sie dabei sauber ab, nimmt die Petersilie heraus und schärft sie mit Zitronensaft.

Weiße Champignonsauce

Eine Tasse geputzte Champignons werden in 2 Eßlöffeln Butter und 1 Glas Weißwein weichgedünstet. Hierauf wird ein helles Schwitzmehl aus 1 Eßlöffel Butter und 1 Eßlöffel Mehl zubereitet. Dieses wird dann mit 1/2 Liter Bouillon und dem Saft von den Champignons aufgekocht und mit 2 Eidottern abgezogen (legiert), dann wird zum Schluß mit Salz und Zitronensaft abgeschmeckt. Beim Anrichten werden die Champignons in die Sauce gegeben.

Weiße Sauce oder Dillsauce

Aus 2 Eßlöffel Mehl und 50 g Butter wird eine helle Mehlschwitze bereitet und mit 1/2 Liter Fleisch- oder Fischbrühe abgelöscht. Ferner werden 3 Eßlöffel Sahne oder Milch, 1 Eßlöffel Weinessig und ein wenig Zucker daran gerührt. Nachdem alles gut verkocht ist, gibt man 2 Eßlöffel feingehacktes junges Dillkraut dazu und läßt die Sauce noch einige Zeit ziehen, aber nicht kochen. Dill kann auch durch 1 Lorbeerblatt und 4-5 Gewürzkörner ausgetauscht werden.

Majoran- und Schnittlauchsauce

100 g in Würfel geschnittener Speck werden ausgebraten, 1 Eßlöffel Mehl darin gelb geröstet und soviel Fleischbrühe dazugegossen, daß man eine sähmige Sauce erhält. Zuletzt gibt man feingeriebenen oder gewiegten Majoran dazu und rührt die Sauce mit einem Stück frischer Butter ab.

Statt Majoran verwendet man Schnittlauch, feingeschnitten.

Kapernsauce

In einer Kasserolle rührt man 200 g frische Butter schaumig, gibt 1 Eßlöffel Mehl dazu, sowie 1/2 Liter Fisch- oder Fleischbrühe.
Dann stellt man die Kasserolle ins kochende Wasserbad und quirlt die Sauce, bis sie glatt und steif ist. Darauf gibt man den Saft einer Zitrone hinzu und mischt 1 Eßlöffel Kapern und 1 Teelöffel gehackte Petersilie darunter.

Apfelmeerrettich

Ein paar geschälte Äpfel werden gerieben und sofort mit Essig übergossen, damit sie zart bleiben; dann werden Zucker und geriebener Meerrettich dazugegeben. – Sehr pikant zu Fischgerichten und Rindfleischspeisen.

Sahnemeerrettich

Man schlägt 1/2 Liter süße Sahne dick und schaumig, gibt eine gehäufte Untertasse feingeriebenen Meerrettich sowie eine Prise Salz und Zucker nach Geschmack dazu, verrührt die Masse mit etwas Weißwein zur Sauce und gibt sie zum Karpfen.

Butter-Zitronen-Senfsauce

Man gibt in einen Kochtopf 150 g frische Butter, eine gute Prise Salz und 1 Teelöffel Zucker, läßt alles auf kleinster Flamme schmelzen und bindet mit 4-5 Eßlöffeln Naturjoghurt, 1 Eßlöffel scharfem Senf und etwas Zitronensaft ab, wobei man gut mit dem Schaumschläger umrührt, bis eine sähmige Masse entsteht (die Sauce darf nicht kochen).

Mayonnaise

Mayonnaise ist eine kalt gerührte Emulsion aus Öl, Eigelb, Senf und Zitronensaft oder Essig. Bei der Zubereitung muß man geduldig vorgehen, da das Öl vorsichtig und langsam unter die Zutaten gerührt werden muß. Ebenso beim folgenden Rezept vorgehen.

Mayonnaise mit Kaviar

Man gibt Kaviar in ein feines Sieb und spült ihn so lange mit kaltem Wasser ab, bis der Schleim entfernt ist und jedes Korn klar daliegt; dann mischt man ihn unter die fertige Mayonnaise und gibt dieselbe zu kaltem Fisch in Gelee.

Remoulade

Sie ist eine Form der Mayonnaise und besteht aus Eigelb, Weißweinessig, Zitronensaft, Senf, Öl, Zwiebeln oder Schalotten, Gewürzgurken, Kapern, Salz, Pfeffer und gehackten Gartenkräutern wie Dill oder Petersilie.

Salatsauce

Man streicht 1 hartgekochtes Eigelb durch ein Sieb in ein Porzellangeschirr, rührt ein rohes Eigelb mit 2 Eßlöffeln Öl sowie 1 Eßlöffel Senf und etwas Weinessig dazu, und schmeckt die Sauce mit Salz und Pfeffer ab.

Béchamelsauce

40 g Butter, 40 g Mehl, 1/8 Liter Brühe oder Milch, Salz, Zitronensaft, 1 bis 2 Eigelb, 1/4 Liter Sahne und 40 g harter, geriebener Schnittkäse werden benötigt.
Die Butter zerlassen und mit dem Mehl verrühren, anschwitzen, ohne anzubräunen, mit Brühe oder Milch auffüllen, aufkochen lassen und mit Salz und Zitronensaft oder Essig abschmecken. Eigelb, Sahne und geriebenen Käse dazugeben. Die Sauce wieder erwärmen, nicht kochen.
Diese Sauce eignet sich zum Übergießen von Kartoffel-, Gemüse-, Fisch- und Fleischgerichten, die in der Backröhre überbacken werden. Nach Belieben die Sauce mit Muskatnuß würzen.

Semmelbrösel mit Butter

40 g Butter und 50 g Semmelbrösel werden benötigt.
20 g Butter in einer Pfanne zerlassen, die Semmelbrösel dazugeben, leicht anbräunen, die restliche Butter hinzufügen, vermischen und sofort über das fertige Gericht, wie z.B. gegarten Spargel oder Blumenkohl, geben.

Kaviarsauce

Man bringt 1/4 Liter Kraftbrühe zum Kochen, mischt den Saft von 1/2 Zitrone, 2 Eßlöffel feinstes Olivenöl und 1 Eßlöffel voll feingehackter Petersilie und Schnittlauch darunter; beim Anrichten rührt man 250 g Kaviar zu der kochend heißen Sauce. – Man reicht sie zu Aal, Karpfen und Lachs.

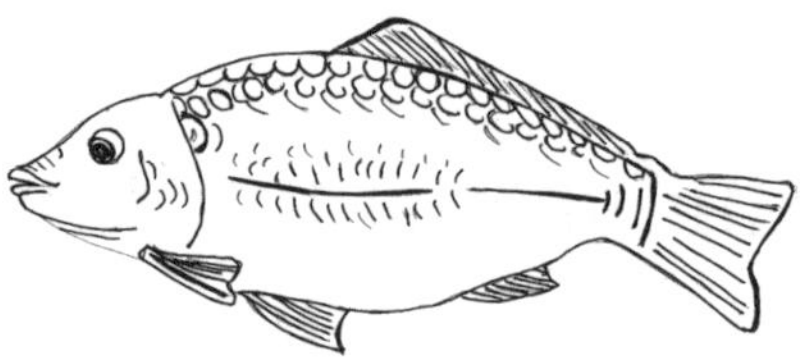

Süß-saure Sauce
mit Spiegelei und Speckzwiebeln

150 g Butter, Margarine oder Öl, etwas Sahne, 2-3 Eßlöffel Mehl, 1 Eßlöffel Zucker, 1-2 Eßlöffel Zitronensaft, Salz, 1 kleingehackte Zwiebel, 150 g durchwachsener Speck und Eier werden benötigt – als Beilage Kartoffeln.
Die Butter in der Pfanne schmelzen lassen und darin das Mehl goldgelb anschwitzen, dann mit 1/2 bis 3/4 Liter heißem Wasser ablöschen und mit Salz, Zucker, Zitronensaft und der Sahne abschmecken. Anschließend in einer anderen Pfanne den Speck ausbraten, die Zwiebel andünsten, beides herausnehmen und warmhalten. In dem Fett die Eier von beiden Seiten braten, zerschneiden und in eine Schüssel geben – dann mit der süß-sauren Sauce übergießen und zum Schluß die Speck-Zwiebeln unter die Sauce heben.
Serviert werden dazu entweder gepellte gekochte Kartoffeln, Salz- oder auch Stampfkartoffeln sowie ein frisch angerichteter Salat.

Grünkram-Sauce
mit gekochten Eiern

Es werden folgende Zutaten benötigt:
200 g durchwachsener Bauchspeck, 1 Eßlöffel Schmalz, 3 Eßlöffel Mehl, etwas Milch, Salz, Pfeffer, 1 feingehackte Zwiebel, 1 Bund Schnittlauch und 1 Bund Dill.
200 g Bauchspeck zusammen mit 1 Eßlöffel Schmalz in eine vorgeheizte Pfanne geben und den Speck gut ausbraten lassen, dann 3 gehäufte Eßlöffel Mehl goldgelb anschwitzen und mit Milch (Wasser geht auch) ablöschen und eine helle sähmige Sauce kochen, sie wird dann mit Salz und Pfeffer abgeschmeckt und vom Herd genommen. Darunter hebt man nun die feingehackte Zwiebel sowie den feingehackten Schnittlauch und Dill.
Die zuvor gekochten Eier werden halbiert und vorsichtig in die Sauce gegeben. Dazu reicht man Salzkartoffeln oder gepellte gekochte Kartoffeln, zusammen mit einem Gurken-, Bohnen- oder Blattsalat.

Schokoladensauce

Man läßt 125 g feingeriebene Schokolade mit etwas Milch zu einem dicken Brei kochen, gießt 1/2 Liter Sahne oder Milch dazu, schmeckt sie mit Zucker ab und zieht die Sauce, sobald sie kocht, mit zwei Eigelb ab.

Rotweinsauce

1/2 Liter Rotwein wird mit dem nötigen Zucker, zwei Gewürznelken und einem Stückchen Zimt aufgesetzt; sobald der Wein kocht, gibt man zwei Teelöffel Kartoffelmehl, das man in kaltem Wasser angerührt hat, hinein und läßt die Sauce klar kochen. Man nimmt Zimt und Nelken heraus und serviert die Sauce warm oder kalt.

Erdbeersauce

500 g Erdbeeren werden, nachdem sie sauber gewaschen sind, durch ein Sieb gestrichen, dann werden 125 g feingestoßener Zucker dazugegeben und die Sauce mit etwas Zitronensaft und Weißwein verdünnt. Die Erdbeersauce wird kalt serviert.

Braune Butter

Für 4 Personen 4 Eßlöffel Butter in einem glasierten Tiegel langsam hellbraun werden lassen, den Schaum abnehmen und die Butter an eine heiße Stelle des Herdes stellen, wo sie nicht weiter brät, damit sie sich klären kann; nach 1/4 Stunde gießt man die Butter vorsichtig vom Bodensatz ab. Braune Butter serviert man zu Fleischspeisen, Fischen und Gemüsen.

Zu gedünstetem Obst paßt gut zerlassene Butter, die man ebenso zubereitet, aber nicht bräunen läßt.

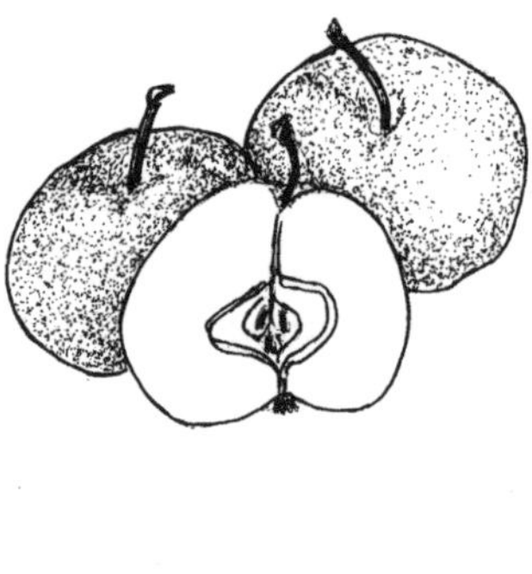

Fleischgerichte

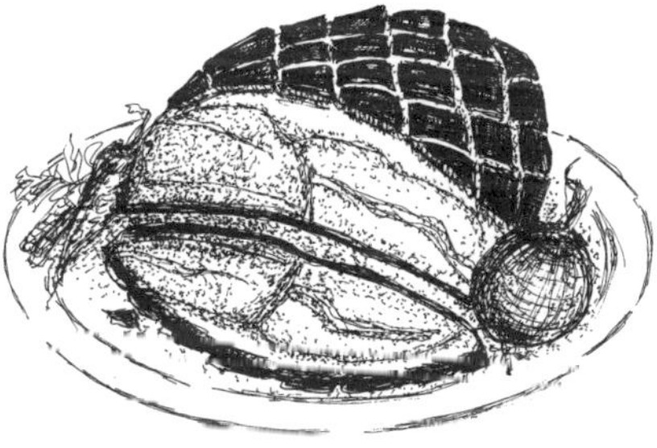

Inhalt Seite

Inhalt Seite

Gänsebraten

Die Gans, ca. 4,5 kg (darauf achten, daß sie nicht zu fett ist), wird über Nacht in kaltem klaren Wasser gewässert und kühl gestellt. Am nächsten Morgen wird sie von innen und außen gut gesäubert und getrocknet. Danach wird innen und außen ordentlich gesalzen und sie wird mit einer Füllung gestopft und mit Küchengarn zugenäht.
Für die Füllung benötigt man: 2 große geschälte und zerkleinerte Boskop-Äpfel, 2 große kleingeschnittene Zwiebeln und 250 g entsteinte Backpflaumen. Um eine Bindung der Füllung zu erreichen gibt man 2-3 Scheiben entrindetes frisches und kleingeschnittenes Mischbrot zu der Füllung. Nicht zu vergessen sind Beifuß sowie 3 Eßlöffel Zucker vermischt mit einem Teelöffel voll Lebkuchengewürz (Zimt allein genügt aber auch). Die Füllung ist auch eine sehr leckere Beilage zu diesem Braten.
Ist die Gans gefüllt, kann sie im Backofen angegart und samt Füllung über Nacht getrost im Ofen gelassen werden. Dann zieht der Geschmack der Füllung so richtig in das Fleisch ein. Wenn die Gans dann ordentlich im Ofen brutzelt, nicht das Übergießen vergessen. Sie wird bei 180 °C 3 bis 4 Stunden in der Ofenröhre goldbraun gebacken. Dazu werden Apfelrotkohl und Kartoffelklöße oder Salzkartoffeln gereicht.

Pommersche Gänsebrust
oder Spickgans

Man löst von einer sauber geputzten Gans die Brust ab, indem man vom Hals an, dicht an den Flügelknochen entlang, einen Längsschnitt macht. Alsdann muß man mit einem spitzen, biegsamen Messer das Brustfleisch vom Knochen lösen. Hat man die Brust abgelöst, so bestreut man sie auf der Innenseite mit ein wenig gestoßenem Pfeffer und reibt sie innen und außen mit Salz ein, dem man auf 250 g einen knappen Teelöffel Salpeter und einen gehäuften Teelöffel Zucker beimengt. Dann näht man die Brust zusammen und packt sie entweder mit dem anderen Fleisch der Gans, das man auch einpökelt, oder mit mehreren Brüsten zusammen in einen Steintopf, in welchem man sie 4-6 Tage liegen läßt; man befüllt sie täglich mit der sich bildenden Lake.

Nachdem man die Brust herausgenommen hat, preßt man sie kurze Zeit unter einem mit Gewichten beschwerten Brettchen, wickelt sie in Papier oder näht sie in Mull ein und hängt sie 8-14 Tage in den Rauch.

Auch Gänsekeulen lassen sich auf dieselbe Weise zubereiten, diese sind jedoch zuweilen trocken und zäh.

Weißsauergansfleisch

- Gänsesauer -

Eine pikante Sülze aus Gänseklein und Gemüse. Man benötigt: Gänseklein (Herz, Magen, Flügel und Hals von 2 Gänsen), 2 »Swiens-Poten« (Spitzbeine, sie sind notwendig zum Gelieren), 2 Gänsekeulen, 1,5 Liter Wasser, 1 Zwiebel, 1 Mohrrübe, 1 Stange Porree, 1/2 Teelöffel Majoran, 1 Lorbeerblatt, 8 Pfefferkörner, 6 Pimentkörner, Salz und Pfeffer sowie 1/8 Liter Essig. Gänseklein und Fleischzutaten gut abspülen und in einem Topf gut mit Wasser bedeckt zum Kochen bringen, währenddessen ab und zu abschäumen. Das Gemüse wird gesäubert, aber nicht zerkleinert, mit den Gewürzen dazugegeben. Ist das Gemüse gar, wird es herausgenommen, kleingeschnitten und beiseite gestellt. Nach etwa 2 Stunden Kochzeit das gare Gänsefleisch herausnehmen (Spitzbeine können weg) und Haut und Knochen entfernen. Dann die Brühe langsam auf etwa 1 Liter reduzieren. Sollte die Brühe zu trüb geworden sein, 4 Eiweiß halbfest schlagen, gut unter die Brühe rühren und nochmals langsam aufkochen lassen. Danach 10 Minuten zugedeckt ruhen lassen, dann klärt sich der Fond. Die Brühe nun kräftig mit Essig, Salz und Pfeffer abschmecken, durchsieben und über das in einer Schüssel geschichtete Fleisch und Gemüse gießen. Abkühlen lassen und in den Kühlschrank stellen. Dazu gibt es deftige Bratkartoffeln.

Weißsauer, gebraten

Gebratenes, sauer eingekochtes Gänsefleisch

Man nimmt die gewünschte Portion von dem Gänsesauer aus dem Steintopf, wäscht das Gelee mit heißem Wasser ab, trocknet das Fleisch und bestreut es mit ein wenig Zucker. In brauner Butter wird das Gänsesauer nun gebraten, bis es heiß ist. Dazu reicht man Bratkartoffeln und einen frischen Gurkensalat mit feingehackten Zwiebeln und Sauerrahm, gewürzt mit Pfeffer und Salz.

Schwarzsauer

Swartsuer von Gänseklein

Gänseklein, dem man etwas Schweinefleisch (ungeräucherten und ungesalzenen Bauchspeck) zusetzt, kocht man bedeckt mit Salzwasser und einem Bund Suppengrün 1,5 Stunden weich. Dann werden geschälte und geviertelte Birnen mit der durchgeseihten Brühe des Fleisches weichgekocht. Nun mit Essig vermischtes Gänseblut (1 kleine Tasse), zerkleinerte Nelken, Nelkenpfeffer (Piment) sowie etwas Zucker und 100 g Pfefferkuchen hinzugeben und nochmals kurz kochen lassen. Die Birnen läßt man in der dicklichen Brühe einige Male unter Rühren aufkochen, legt das Fleisch in eine Schüssel und richtet darüber die Birnen mit der Brühe an. Dazu reicht man Klöße oder Pellkartoffeln.

Gebratene Gänseleber
mit Äpfeln

Benötigt werden für 4 Personen: 400 g Gänseleber, 80 g Gänsefett, 2 mittelgroße Zwiebeln, 500 g Äpfel, Zucker, Majoran, Salz, Pfeffer, 10 g Mehl, 50 g Margarine oder Butterschmalz.
Die Gänseleber sorgfältig säubern, von Häuten befreien, waschen, trocknen und mit Mehl bestäuben. Anschließend in stark erhitztem Gänsefett kurz anbraten. Die geschälten, in Ringe geschnittenen Zwiebeln leicht anbräunen. Die geschälten und kleingeschnittenen Äpfel mit Zucker und Majoran in Margarine dünsten und danach zu der gut durchgebratenen Gänseleber geben, salzen und pfeffern. Mit Kartoffelpüree servieren.

Kaninchenbraten

Ein ausgenommenes, gesäubertes Kaninchen wird portionsgerecht zerlegt, gesalzen und mit geräuchertem Speck gespickt, dann über Nacht in Buttermilch mit 3 Lorbeerblättern, 6 Pfefferkörnern, 5 Nelken und 2 mittelgroßen, geschnittenen Zwiebeln mariniert.
Eine andere Marinade: 1/4 Liter Essig (keine Essenz), 1/4 Liter Rotwein, Zwiebelscheiben, Lorbeerblätter, Pfefferkörner und ein paar Wacholderbeeren. Diese Marinade wird erhitzt, darf nur zum Sieden kommen und wird dann über das Fleisch gefüllt und über Nacht stehen gelassen.
Im Backofen wird das Kaninchen dann in heißem Fett gut von allen Seiten angebraten und mit Wasser abgelöscht. Unter fleißigem Begießen mit dem Bratenfonds, dem man Pimentkörner und eine Zwiebel beigegeben hat, wird das Fleisch weich und saftig gebraten.
Der Bratenfonds wird abgegossen und mit Mehl gebunden, 2 Eßlöffel saure Sahne runden den Geschmack ab, evtl. etwas nachsalzen.
Das Fleisch wird im Backofen nochmals knusprig gebraten. Serviert wird der fertig zubereitete Kaninchenbraten mit Salzkartoffeln, Apfelrotkohl oder auch einem frischen Salat, der mit Zitrone und Sauerrahm zubereitet wird.

Falscher Hase
Hackbraten

Man benötigt 1 kg Hackfleisch, halb Schwein, halb Rind, 2 altbackene Brötchen (in Wasser eingeweicht und gut ausgedrückt), 2 Eier, Salz, Pfeffer, 2 mittelgroße Zwiebeln (feingehackt). Gehacktes wie gewohnt zubereiten, alles gut durchkneten, gut würzen, zwei große Fleischklöße daraus formen, leicht bemehlen und abklopfen. Im Backofen wird nun der Hackbraten in heißem Fett kroß von allen Seiten goldbraun angebraten, was ganz wichtig für die Sauce ist, erst dann wird der Bratenfonds mit Wasser abgelöscht; noch ein paar Pimentkörner sowie 1 kleine Chilischote dazugeben. Ist der Braten gar, wird die Sauce zubereitet, indem man den Bratenfond mit Mehl bindet, eventuell etwas mit Salz nachwürzt und mit saurer Sahne verfeinert. Tip: Wer es pikanter mag, kann den Falschen Hasen mit durchwachsenen Speckstreifen spicken und dann wie o.g. verfahren. Beim Spicken wird der Speck in die Fleischklöße gedrückt. Beim Formen der Fleischklöße kann man auch gekochte, gepellte Eier mittig mit einrollen, was beim Aufschneiden des Bratens appetitlich aussieht. Pikant ist auch, wenn man kleingeschnittenen roten, gelben und grünen Paprika in den Fleischkloß mit einknetet.

Gekochte Soßklopse, süß-sauer
nach Königsberger Art

Man benötigt 500 g Hackfleisch (halb Rindfleisch und halb Schweinefleisch), 2 altbackene Brötchen, 2 Eier, 2 Eigelb, 2 Zwiebeln, etwas Bratenfett, 65 g feingehackte Sardellenfilets, 1 Eßlöffel feingehackte Petersilie, Saft und Abrieb einer halben unbehandelten Zitrone, Salz, Pfeffer, evtl. auch Zucker, 50 g Mehl, 50 g Butter, 1/2 Liter Fleischbrühe sowie 1 Eßlöffel Kapern.

Das Hackfleisch mit den eingeweichten und gut ausgedrückten Brötchen, 2 Eiern, einer feingeschnittenen in Fett angerösteten Zwiebel (rohe Zwiebeln eignen sich ebenfalls), den Sardellenfilets, Petersilie und dem Zitronenschalenabrieb verarbeiten, alles gut durchkneten und aus der Masse kleine Klöße formen. Diese werden in kochendem Salzwasser, dem man 1 Zwiebel und 4-5 Pimentkörner zugegeben hat, gegart. Das Mehl wird in einer Pfanne mit Butter angeschwitzt und mit der Fleischbrühe aufgefüllt. Die Sauce wird nun mit Salz, Zucker und Zitronensaft (Essig eignet sich auch) abgeschmeckt, dann mit 1 Eßlöffel Butter und 2 verquirlten Eigelb legiert. Dazu reicht man Salzkartoffeln und pikante, süß-sauer eingelegte Rote Bete.

Brägen

- Gebratenes Schweinehirn -

Man legt das Hirn für eine Stunde zum Wässern in kaltes Wasser und kocht es dann eine halbe Stunde bei schwacher Hitze mit Salz, schwarzen Pfefferkörnern und Zwiebeln im Verhältnis von 3 Teilen Wasser und 1 Teil Essig, so daß es eben bedeckt ist.

Nachdem das Schweinehirn erkaltet ist, schneidet man es in Scheiben und bereitet von der Brühe eine Sauce, die zuerst entfettet und dann mit 1/4 Glas Weißwein und dem Saft einer halben Zitrone aufgefüllt wird. Nun wird die Sauce mit Stärkemehl angedickt und mit 4 Eidottern auf 1/2 Liter Sauce abgequirlt. Die vorbereiteten erkalteten Brägen-Scheiben taucht man dann in die abgekühlte Sauce, nimmt sie wieder heraus, läßt sie abtropfen, paniert sie in gequirltem Ei und Semmelbröseln und brät sie endlich hellbraun in Öl oder Butterschmalz. Dazu schmecken frisches Schwarzbrot oder Pellkartoffeln und ein frischer Blatt- oder Gurkensalat.

Schweinerippenbraten
mit Pflaumen- oder Apfelfüllung und Majoran

Benötigt werden 1 kg Schweinerippenbraten mit einem Tascheneinschnitt für die Füllung, 250 g Backpflaumen (diese in wenig Wasser einweichen) oder 2-4 säuerliche, kleingeschnittene Äpfel, 1 Teelöffel Majoran, 1 große Zwiebel, 2 Lorbeerblätter, 3 Pfefferkörner, 1 Tasse Wasser und 1 Eßlöffel Kartoffelstärke.

Das Rippenstück wird gesalzen und mit den Äpfeln oder Pflaumen (wer es süß-säuerlich mag, kann auch beide Obstsorten wählen) und dem Majoran gefüllt. Der Rippenbraten wird nun in wenig kochendem Wasser mit 1 Zwiebel, 2 Lorbeerblättern und den Pfefferkörnern angesetzt und im geschlossenen Kochtopf auf dem Herd bei Mittelhitze im eigenen Sud gar geschmort. Der Braten wird mehrmals gewendet. Die Garzeit beträgt etwa 2,5 bis 3 Stunden bei Mittelhitze.

Die Sauce wird mit Kartoffelmehl gebunden und als Tunke zum gefüllten Rippenbraten gereicht. Dazu passen Salzkartoffeln, aber auch Klöße und geschmorter Apfelrotkohl.

Mürbebraten

Möhrbraden– Altes Rezept aus Freest

Für 5 Personen benötigt man 1 kg zerkleinerte Rippchen, 3 Stück Nieren, gewässert, gesäubert und würflig geschnitten, 500 g schieres Schweinefleisch, würflig geschnitten, 1/2 Milz in 2 cm Streifen geschnitten, 3 grob zerkleinerte mittelgroße Zwiebeln, ein großes Lorbeerblatt, ca. 10 Piment- und 10 Pfefferkörner, 1-2 Zweige frischen Thymian sowie 2 zerkleinerte säuerliche Äpfel (Boskop-Äpfel sind empfehlenswert). Alles kommt in einen Kochtopf und wird mit kaltem Wasser aufgefüllt, bis alles bedeckt ist, und zum Kochen gebracht. Dann wird bei mäßiger Hitze solange gegart, bis das Fleisch »möhr« ist. Zum Anrichten wird das Fleisch zusammen mit der Brühe über geschälte Pellkartoffeln gefüllt.

Bratklopse mit Kräutern

dazu gebratene Butter-Brechbohnen

500 g Schweinehack, 1 Brötchen (in Wasser eingeweicht und gut ausgedrückt), 1 Ei, 1-2 Zwiebeln – feingehackt – Pfeffer, Salz nach Bedarf, je 1 gestrichener Teelöffel frischer oder getrockneter Thymian und Majoran, 1 Eßlöffel Speiseöl und 1/2 Eßlöffel flüssige Speisewürze. Diese Zutaten zusammen sehr gut durchkneten und zu mittelgroßen Klopsen formen, leicht einmehlen, dabei überschüssiges Mehl abklopfen. In eine Eisengußpfanne (eignet sich besonders gut) Butterschmalz oder Speiseöl geben, dieses erhitzen und die Klopse darin rundherum goldbraun und knusprig fertig braten lassen.

1 kg küchenfertige, mit Bohnenkraut vorgegarte Brechbohnen werden zusammen mit feingeschnittenen Zwiebelringen in heißer Butter gebraten und mit Salz und Pfeffer gewürzt. Das Gemüse sollte solange braten, bis es leicht angebräunt ist – dann mit reichlich frisch gehackter Petersilie bestreuen und zusammen mit den Bratklopsen auf einer Fleischplatte anrichten und servieren. Dazu paßt Kartoffelpüree, verfeinert mit etwas Butter, feingehackten Zwiebeln, Petersilie und einer Prise Muskat, aber auch Pellkartoffeln oder ein frisches Zwiebel- oder Bauernbrot eignen sich ausgezeichnet als Beilage. Ein sehr rustikales Abendessen für gemütliche Runden, das garantiert allen schmeckt.

Geschmorte Bratwürste

Man benötigt 4 frische Bratwürste, Öl zum Braten, 2 große Zwiebeln, etwas Mehl, 100 ml Bier, 300 ml Wasser, 1 Lorbeerblatt, Salz, Pfeffer und 3 Pimentkörner.
Vor der Zubereitung wird die Bratwurst mit heißem Wasser überbrüht (verhindert das Platzen). Dann wird sie mit etwas Mehl bestäubt und in heißem Öl und Zwiebelscheiben schön rundherum angebraten. Man gießt mit Bier an, gibt die Gewürze dazu und läßt alles kochen. Zuletzt mit dem Wasser auffüllen und die Würste 10 Minuten schmoren lassen. Die Sauce mit Mehl binden, alles nochmals kurz kochen lassen. Dazu reicht man Salzkartoffeln.

Klopfschinken

Man schneidet Schinken in 1,5 cm dicke Scheiben und wässert sie 3 Stunden in Milch oder auch in Wasser. Dann werden sie mit der flachen Seite des Hackbeils ordentlich »gekloppt« und danach mit dem Hackbeil auf beiden Seiten leicht übergehackt. Nun taucht man sie in geschlagenes Ei, wendet sie in geriebenem Semmelmehl und brät sie in heißem Butterschmalz auf jeder Seite 6 Minuten hellbraun. Dazu paßt jedes Gemüse, aber ein Klassiker ist frischer Spargel mit brauner Butter oder mit Sauce Hollandaise.

Kammbraten

- Gnickbraden -

Man benötigt ein schönes Stück Kammbraten, das vor der Zubereitung mit einer kalten Marinade von 3/4 Liter Essig (keine Essig-Essenz!) und 1/4 Liter Wasser, gewürzt mit schwarzem Pfeffer und Nelkenpfeffer (Piment) sowie einem Lorbeerblatt, übergossen wird und läßt alles 1 bis 1,5 Stunden kühl stehen. Danach wird das Fleisch aus der Marinade genommen, abgetrocknet und gut gesalzen. Nun wird Fett in einen Schmortopf gegeben und erhitzt. Dann schmort man das Fleisch von allen Seiten schön braun an (wichtig für die Sauce), löscht mit einer leichten Gemüsebrühe oder Wasser den Bratenfond ab und gart den Braten bei Mittelhitze. Zum Verfeinern kann auch noch ein Schuß Rotwein dazugegeben werden. Letztendlich wird die Sauce mit etwas Stärkemehl gebunden. Das Fleisch wird in Scheiben geschnitten, mit der Sauce übergossen und mit Petersilienkartoffeln serviert. Ein frischer Salat mit saurer Sahne rundet das Gericht ab.

Schinkenbraten

mit pikanter Zimtzucker-Schwarte

1 kg Schweineschinkenbraten mit Schwarte, 300 g Möhren, 200 g Sellerie, 1 Stange Lauch, 3 Zwiebeln, Salz und Pfeffer, 3 Eßlöffel Butterschmalz, 1 Lorbeerblatt, 3 Nelken, 1/2 Teelöffel Thymian, 1/2 Teelöffel Rosmarin, 1/2 Liter Fleischbrühe, 4 Eßlöffel Honig, 1 Eßlöffel Senf, 1/8 Liter Bier, 30 g Butter.

Gemüse putzen, grob zerkleinern, Braten in kaltem Wasser waschen, trocknen und mit Salz und Pfeffer die Fleischseiten würzen; Schwarte rautenförmig einschneiden. Butterschmalz in einem Bräter erhitzen, Schinkenbraten auf der Fleischseite anbraten, Gemüse und Kräuter zufügen, mit Brühe ablöschen und im vorgeheizten Backofen bei 200 °C ca. 2 Stunden garen. Honig, Senf und Bier verrühren. Nach 1 Stunde die Schwarte etwas salzen, mit der Marinaden-Mischung einstreichen und dies mehrmals wiederholen. Wer es noch pikanter möchte, kann in die Schwartenrauten etwas Zimtzucker streuen. Zum Schluß den Braten herausnehmen, warm stellen, den Bratensaft mit dem Gemüse pürieren und durch ein Sieb geben. Zuletzt die Sauce mit kalten Butterflocken binden und nochmals abschmecken. Dazu reicht man Salzkartoffeln und in Butter geschwenkte glasierte Möhren mit feingehackter frischer Petersilie.

Sauerbraten

würziger Suerbraden

Man benötigt 1 kg Schweine- oder Rindfleisch, Salz, Pfeffer, 3 mittelgroße Zwiebeln, 3 Wacholderbeeren, Nelkenpfeffer (Pimentkörner), etwas Salbei und Thymian, Bier und Weinessig (zu gleichen Teilen – ersatzweise auch Buttermilch), 100 g geräucherten Speck und 1 Bund Suppengrün (1/2 Stange Porree, 1 große Möhre, 1 größeres Stück Sellerie).

Das Schweine- oder Rindfleisch wird gut getrocknet, dann gesalzen und mit den geschnittenen Zwiebeln und den Gewürzen in ein irdenes Gefäß (Steintopf) gelegt. Dann wird soviel kochender Bieressig auf das Fleisch gefüllt, bis es bedeckt ist. Man läßt das Fleisch mindestens 2-3 Tage (an einem kühlen Ort) in dieser Marinade liegen. Legt man das Fleisch in die Buttermilchmarinade, so wird diese kalt über den Braten gegeben und man läßt das Fleisch noch ein paar Stunden länger darin liegen. Während der Einlegezeit wird der Braten öfter gewendet. Für die Zubereitung wird das Fleisch aus der Marinade genommen und gut abgetrocknet. Dann wird der Braten zuerst gesalzen und gepfeffert und anschließend mit Speckscheiben (beim Rindfleisch) umwickelt. In heißem Fett wird er in einem Schmortopf gut angebraten – er muß schön braun werden, umso besser gelingt die Sauce – dann wird mit heißem Wasser oder Brühe aufgefüllt, dabei kann man auch einen Teil der Marinade verwenden. Jetzt gibt man noch das geputzte Gemüse dazu und läßt alles garen. Die Schmorzeit liegt bei etwa 2 Stunden bei mäßiger Hitze.

Rindfleisch, gekocht mit Gemüse

500 g Rindfleisch in einen Kochtopf geben, mit leicht gesalzenem Wasser bedecken und fast fertig garen. Dazu kommt frisches geputztes und kleingeschnittenes Gemüse; bestehend aus 3 Mohrrüben, 2 Kohlrabi, je 300 g Erbsen und grünen Bohnen, kleingehacktem Selleriekraut und geschnittenen Zwiebeln. Alles zusammen solange köcheln lassen, bis das Gemüse gar ist. Mit angerührtem Mehl wird die Sauce gebunden, verfeinert mit Kaffeesahne und etwas Butter, man kann mit Gemüse-Brühpaste nachwürzen. Dazu werden in Butter geschwenkte Salzkartoffeln gereicht.

Gekochtes Rindfleisch
mit feiner Zwiebelsauce

Benötigt werden 1 kg Suppenfleisch, 1 kg Zwiebeln, geputzt und in Scheiben geschnitten, 1 Stange Porree, 1/2 kleine Knolle Sellerie, 3 Mohrrüben, geriebener Meerrettich und Salz.
Das Suppenfleisch gut waschen und mit 1,5 Liter kaltem Wasser ansetzen. Gemüse putzen, kleinschneiden und dazugeben, die Hälfte der geschnittenen Zwiebeln ebenfalls dazugeben (die andere Hälfte Zwiebeln und der Meerrettich werden später benötigt), gewürzt wird mit 1 Eßlöffel Salz.
Das Suppenfleisch muß jetzt ca. 1,5 bis 2 Stunden köcheln, bis es richtig gar ist. Nun füllt man für die Sauce einen Teil der Brühe (ohne Gemüse) ab, soviel man benötigt, und kocht darin die restlichen Zwiebeln weich. Diese nun pürieren und, falls die Sauce noch nicht genug gebunden ist, mit etwas angerührtem Mehl sähmiger kochen. Zum Schluß den geriebenen Meerrettich unterrühren, dann das Suppenfleisch aus der heißen Gemüsebrühe nehmen, in Scheiben schneiden, portioniert auf die Teller geben und mit der Zwiebelsauce überfüllen. Dazu werden Salzkartoffeln und ein pikant angerichteter Gurkensalat mit saurer Sahne und feingehackten Zwiebeln, gewürzt mit Salz und Pfeffer, gereicht. Die Gemüsebrühe kann als Vorspeise gereicht werden.

Rindfleischtopf mit Äpfeln

- Suppengericht -

Für dieses Gericht benötigt man die gleiche Menge an Suppenfleisch wie an Äpfeln (die Apfelsorte Boskop ist hierfür sehr empfehlenswert), gewürzt wird mit Salz und Zucker und einer Tasse kräftiger Gemüse-Bouillon.
Für einen Suppenteller voll Fleisch und ebensovieler Äpfel rechnet man 2-3 Eßlöffel Fett, eine Tasse Gemüse-Bouillon, 1 Lorbeerblatt, 3 Pimentkörner, 1 Gewürznelke und 3 kleingewürfelte scharfe Gewürz-Pfeffer-Gurken.
Das Fleisch wird in kleine, sehr feine Scheiben geschnitten, die Äpfel (geschält und vom Kerngehäuse befreit) dagegen in größere Spalten. Das Ganze wird im Kochtopf, geschichtet und zugedeckt, solange gekocht, bis das Fleisch gar ist; nicht viel rühren, denn die Äpfel sollen nicht zerfallen.
Nach der Garzeit würzt man mit einer Prise Salz und etwas Zucker je nach Geschmack und rührt alles einmal vorsichtig um, ohne die Apfelscheiben zu Mus zu machen. Dazu werden Salzkartoffeln und ein frischer Blattsalat gereicht.

Rinderbrust
mit Birnen, Bohnen und Speck

Für 8 Personen werden folgende Zutaten benötigt:
500 g weiße Bohnen, 400 g Rinderbrust, 500 g durchwachsener Speck in Streifen, 4 Zwiebeln, 2 Lorbeerblätter, 1 Eßlöffel gerebeltes Bohnenkraut, Salz und weißer Pfeffer, 400 g Möhren, 200 g Sellerie, 800 g grüne Bohnen, 600 g Kartoffeln, 8 Kochbirnen, 60 g Butter, 2 Eßlöffel Mehl, 2 Eßlöffel Weißweinessig.
Bohnen abwaschen, in eine Schüssel geben und mit 1,5 Liter Wasser bedeckt über Nacht einweichen. Bohnen mit Einweichwasser zum Kochen bringen. Rinderbrust würfeln, 2 Zwiebeln in Ringe schneiden, beides zufügen und etwa 90 Minuten bei geringer Hitze köcheln lassen. Nach der Hälfte der Garzeit Speck, Lorbeerblatt, Bohnenkraut, Salz und Pfeffer zugeben. Möhren und Sellerie schälen, kleinschneiden, grüne Bohnen putzen und schnippeln, Kartoffeln schälen, würfeln und gewaschen in den Eintopf geben. Nun werden die Birnen geschält und ganz dazugefügt. Restliche Zwiebeln würfeln und in der Butter in einer Pfanne anbraten, mit Mehl bestäuben und hellbraun werden lassen. Zwiebelwürfel in den Eintopf rühren, einmal aufkochen lassen und mit Salz, Pfeffer und Essig abschmecken.

Schlesisches Himmelreich

Ein Rezept, das von Zuwanderern nach Vorpommern gelangt ist und sich hier einen Platz auf dem Speiseplan erobert hat.

Man kocht 750 g gesalzenes Pökelfleisch (auch Bauchfleisch) weich. In der Kochbrühe des Pökelfleisches kocht man Semmelklöße nach folgender Rezeptur gar:

Man braucht für die Klöße 250 g altbackene Semmeln (Brötchen), von denen man die Rinde dünn abschneidet, dann werden sie eingeweicht und recht fest wieder ausgedrückt. Danach rührt man 100 g Butter weich, gibt die ausgedrückten Semmeln, 3 ganze Eier, etwas Salz, Muskat und soviel Mehl darunter, daß ein ziemlich fester Teig entsteht. Von dem Teig sticht man dann mit einem Eßlöffel, den man wiederholt in heißes Wasser tauchen muß, ziemlich große Klöße ab, die man nebeneinander in die kochende Pökelfleischbrühe legt und langsam garziehen läßt.

Man darf nicht zuviele Klöße auf einmal kochen, da sie sonst nicht locker werden.

Zwischenzeitlich kocht man 400 g gemischtes Backobst, vorzugsweise Äpfel und Birnen (2 Stunden vorher einweichen, das Obst muß vor dem Kochen bereits aufquellen), mit etwas Einweichwasser, 3 Eßlöffeln Zucker, Zimt und

Zitronenschale, bis die Früchte weich sind. Die Kochzeit beträgt etwa 20 Minuten.
Dann gibt man die Obst- und Fleischbrühe zusammen in einen Topf und kocht sie mit etwas Kartoffel- oder Maismehl, das man mit kaltem Wasser anrührt, bündig.
Das Pökelfleisch schneidet man in Scheiben und legt es in die Mitte einer flachen Schüssel, die Semmelklöße werden zuerst um das Fleisch gelegt und das Obst dann als zweiter Kranz herum angerichtet.
Die gebundene Sauce wird über das ganze Gericht gefüllt, dann wird aufgetischt.

Rindfleisch mit süß-saurer Sauce

Für die süß-saure Sauce (für 4 Personen – 1/2 Liter Fleischbrühe) bereitet man eine helle Mehlschwitze vor, die man mit der Brühe aufkochen läßt und dann soviel Essig und Sirup (auch Zucker) zugibt, daß die Sauce herzhaft süß-sauer schmeckt. Nachdem man noch mit 3 Lorbeerblättern und 6 Körnern Nelkenpfeffer (Piment) gewürzt hat, legt man gekochtes, in Scheiben geschnittenes Rindfleisch in diese Sauce, läßt alles über kleinem Feuer gut miteinander durchkochen und salzt nach Bedarf. Dazu reicht man mit gehackter Petersilie bestreute Salzkartoffeln.

Dicke Rippe oder Schweinefleisch

mit Wruckengemüse

500 g dicke Rippe oder Schweinekochfleisch, 1 kg Wrucken (Steckrüben), 2 Zwiebeln, Salz, Pfeffer, 2 Eßlöffel gekörnte Gemüsebrühe, 1-2 Eßlöffel Mehl, 100 ml Milch.

Das Fleisch mit Salz und Pfeffer würzen, gut mit Wasser bedecken und zum Kochen bringen, dann die gekörnte Gemüsebrühe unterrühren und weiter bei Mittelhitze kochen lassen.

Die geschälten und kleingeschnittenen Wrucken in Salzwasser ebenfalls zum Kochen bringen; nach ca. 10 Minuten Kochzeit das Kochwasser von den Wrucken abgießen.

Ist das Fleisch jetzt gegart, nimmt man es aus dem Kochsud und stellt es warm. Nun gibt man das vorgekochte Wruckengemüse in den Fleischsud und gart es darin fertig. Anschließend wird mit in Milch glattgerührtem Mehl gebunden und evtl. noch nachgewürzt. Das Fleisch wird dann in Scheiben geschnitten und zum Gemüse gereicht, oder es wird kleingeschnitten und in das Wruckengemüse gegeben, dazu reicht man Salzkartoffeln.

Eisbein
mit geschmortem Sauerkraut und Erbspüree

4 gepökelte Eisbeine (auch Kniebein genannt) – etwa 500 g, 2 Mohrrüben, 1-2 große Zwiebeln, 2 Lorbeerblätter, 5-8 Pimentkörner, 1-2 Teelöffel Zucker.

Die Eisbeine waschen und in einem großen Topf mit Wasser zum Kochen bringen. Möhren und Zwiebeln geputzt und ganz mit den Gewürzen (außer Salz) dazugeben, etwa 2 Stunden garen lassen, bis das Fleisch sich vom Knochen gut lösen läßt. Der Zucker bewirkt, daß das Pökelfleisch eine rosarote Farbe annimmt.

Für die Sauerkrautzubereitung benötigt man: 1 kg Sauerkraut, 2 Äpfel, 2 Zwiebeln, 100 g Schweineschmalz, 200 g durchwachsenen Speck, 1 Lorbeerblatt, 5 Pimentkörner, etwas Salz, 1 Eßlöffel Zucker, 1 Glas Traubensaft (hell), etwas Eisbeinbrühe.

Die Zwiebeln und Äpfel kleinschneiden. 100 g Speck zusammen mit dem Schmalz erhitzen, anbräunen, Zwiebeln und Äpfel darin anschwitzen, den Saft dazugießen. Jetzt das Sauerkraut und die Gewürze dazugeben, alles gut anschmoren und öfter umrühren, bis das Sauerkraut Farbe annimmt. Man kann immer mit ein wenig Eisbeinbrühe auffüllen. 1 Stunde Garzeit!

Räuchern

Dat Rökern – Anno 1900

Durch das Räuchern werden dem Fleisch keine Nährstoffe entzogen, es wird nur ein Eintrocknen des Wassers bewirkt; außerdem wird durch das Einbringen des im Rauch enthaltenen Kreosots die längere Haltbarkeit des Fleisches herbeigeführt. Dem Räuchern geht stets das Pökeln voraus; die aus dem Pökel genommenen Fleischstücke müssen erst einige Tage an der Luft trocknen, ehe man sie räuchern kann. Das Räuchern geschieht auf zweierlei Weise, erstens auf trockenem, zweitens auf nassem Wege. Die Trockenräucherung ist die natürliche und wird durch Holzrauch bewirkt. Das zum Räuchern verwendete Holz muß ganz trocken sein, da frisches Holz zuviel Wasserdampf entwickelt und die Fleischwaren dadurch feucht werden. Der Rauchabzug, welcher zum Räuchern benutzt wird, darf mit keiner Feuerung in Verbindung stehen, die mit Kohle oder Torf gespeist wird. Bei der Unterhaltung des Feuers muß man sich nach der Witterung richten. Bei feuchtem Wetter sorgt man für helles Feuer; ist das Wetter dagegen hell und klar, so muß man sogenanntes Schmokfeuer unterhalten, indem man trockene Sägespäne verbrennt, die viel Rauch entwickeln. In kleineren Haushaltungen auf dem Lande räuchert man zuweilen noch im offenen Schornstein; es ist jedoch mehr zu empfehlen, daß man eine Räucherkammer anlegt. Man legt sie gewöhnlich neben dem Schornstein auf dem Hausboden an und verbindet Schornstein und Kammer durch zwei Öffnungen, von denen die eine sich unten in der Kammer, die andere oben befindet. Zwischen beiden ist ein Schieber angebracht, mit dem man den Schornstein verschließen kann. Ist dies geschehen, so zieht der Rauch erst durch die Kammer, ehe er seinen Weg ins Freie nimmt. Mit Hilfe dieses Schiebers kann man also den Ab- bzw. den Zuzug des Rauches genau regulieren. Der Rauch darf noch nicht allzusehr abgekühlt sein, ehe er die Fleischwaren berührt; die Kammer darf also nicht zu weit von der Feuerung entfernt sein. Es ist daher auch ein Vorzug, wenn die Kammer eine eigene Feuerung hat. In der Räucherkammer befinden sich feste Querstangen, an denen man die Fleischwaren mittels Bindfaden frei aufhängen kann. Damit das Fleisch nicht unmittelbar mit dem Rauch in Berührung kommt, reibt man es mit Weizenkleie ein oder näht es (z.B. Gänsebrüste) in Mullstücke ein.

Die nasse Räucherung, auch Schnellräucherung genannt, ist eine künstliche. Man reibt zu diesem Zweck die Fleischstücke mit Holzessig ein und läßt sie danach trocknen. Mehr zu empfehlen ist folgendes Verfahren: Man verwendet

Glanzruß von reiner Holzfeuerung, der sich im unteren Teil des Schornsteins ansetzt. Man kocht etwa 1/2 kg hiervon in 10 Liter Wasser solange, bis das Wasser zur Hälfte eingekocht ist, läßt es erkalten, seiht es durch und mischt 3 Handvoll Kochsalz dazu. In diese Flüssigkeit legt man kleine Würste 15 Minuten, größere 30-45 Minuten, Speck 6-8 und Schinken 12-16 Stunden. Hat man sie aus der Flüssigkeit genommen, so werden sie an einem luftigen Ort getrocknet. Diese Fleischwaren sind sehr haltbar und angenehm im Geschmack.

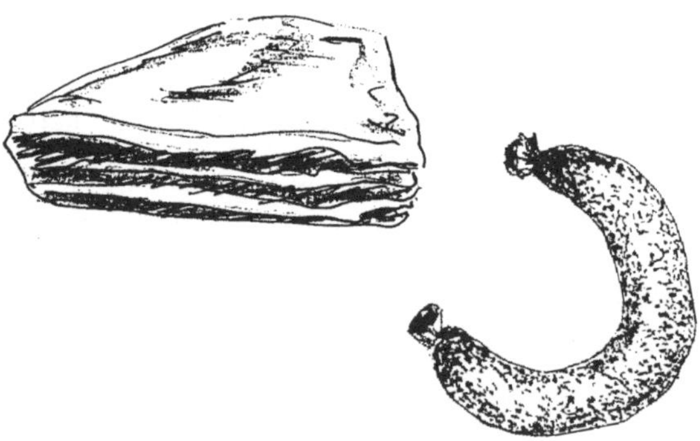

Wurst nach »Hausmacher Art«
selbstgemacht

Zur Wurstzubereitung verwendet man vorzüglich Schweinefleisch, und zwar das Rippenstück, das Schulterstück, das Bauchfleisch, ferner Lunge, Leber, Herz und endlich Blut. Letzteres wird beim Schlachten aufgefangen und tüchtig gerührt, damit es nicht dick wird; etwaige Stücke, die sich darin vorfinden, werden entfernt, und dann wird das Blut durch einen Durchschlag gegossen. Die Därme, der Magen und die Blase, die zum Einstopfen der Wurst verwendet werden, müssen auf das eigenste gesäubert werden. Solange die Därme noch warm sind, wird das an ihnen sitzende Fett vorsichtig abgeputzt; hierauf werden die Därme umgedreht und gewaschen. Am bequemsten lassen sie sich mit Salbeiwasser reinigen. Über eine reichliche Handvoll Salbei gießt man 4 Liter Wasser, läßt es kochen und seiht es durch. In dieses erkaltete Wasser legt man die zuvor schon gewaschenen Därme und läßt sie 24 Stunden darin. Um sich zu überzeugen, daß die Därme keine Löcher bekommen haben, bläst man sie mit einem Federkiel auf.

Die Menge der zu verwendenden Gewürze muß durch den Geschmack bestimmt werden; man verwendet Salz, Pfeffer, Kümmel, Senfkörner, Piment, Nelken und getrockneten,

fein zerriebenen Majoran, Thymian, Knoblauch und Zwiebeln. Man kocht die Würste in viel Wasser in einem nicht zu kleinen Gefäß. Die roh gestopften Würste, die nachher erst gekocht werden, müssen locker gestopft werden, weil die Füllung quillt.
Das Stopfen der Würste erleichtert man sich durch eine Wurststopfmaschine. Zeigen sich beim Kochen der Würste blasige Stellen, so sticht man vorsichtig mit einer Stopfnadel hinein, damit die darin enthaltene Luft entweichen kann. Die Stopfnadel befestigt man der größeren Sicherheit wegen an einem langen Bindfaden. Um zu wissen, ob die Wurst durchgekocht ist, sticht man mit einem dünnen, spitzen Speil hinein; quillt kein Blut mehr raus, so ist die Wurst gar.

Feine Zervelatwurst

Man bereitet diese nur aus Schweinefleisch, und zwar nimmt man 5 Teile Schweinefleisch und 2 Teile Schweinefliesenfett. Das Fleisch wird ganz fein geschabt und im übrigen nach vorausgenanntem Rezept verfahren.

Zervelat- oder Schlackwurst

5 kg mageres Schweinefleisch, 3 kg Rindfleisch und 2 kg Schweinemett werden aus den Sehnen und Häuten geputzt und danach mit dem Wiegemesser feingewiegt (geschnitten). Hierauf mengt man 200 g Salz, 10 g Salpeter, 20 g Zucker, 10 g ganze weiße Pfefferkörner gut darunter und stopft nun das Fleisch in weite Därme, die man mit einem sauberen Tuch anfaßt, um die Würste recht fest stopfen zu können. Am nächsten Tag hängt man sie in den Rauch, wo man sie 14 Tage läßt.

Feine Leberwurst

Die Schweineleber wird gut ausgeputzt, in fingerdicke Scheiben geschnitten und in einen Durchschlag gelegt. Diesen hält man 1 Minute in kochendes Wasser, läßt dann die Leber 2 Minuten abkühlen, hält sie nun wieder in das kochende Wasser und fährt damit fort, bis die Leberscheiben nicht mehr roh, aber doch noch saftig und rötlich sind; alsdann wird die Leber gehackt. Nun nimmt man dem Gewichte nach ebensoviel Bauchfleisch mit dem daran sitzenden Fett sowie auch das recht weichgekochte Gekröse (Innereien) und hackt alles sehr fein; nachdem man zuletzt die Leber auch noch dazwischen gehackt hat, treibt man die Masse durch einen Durchschlag. Alsdann gibt man Zwiebelfett dazu, das man schon vorher in einem Töpfchen bereitet hat, indem man geschälte Zwiebeln in dem beim Kochen abgefüllten Fett weich dämpfte. Ferner würzt man die Wurst mit Salz, feingestoßenem weißen Pfeffer, Nelkenpfeffer (Piment) und Thymian, etwas Majoran und verhaltener mit Zimtpulver (es gibt eine besonders pikante Würznote); allgemein muß man ziemlich stark würzen, weil beim Kochen die Würze etwas auszieht. Man füllt die Leberwürste in Fettdärme vom Schwein oder Rind, doch dürfen dieselben nicht so fest gestopft werden wie Schlack- oder Mettwürste. Nachdem man sie fest zugebunden hat, kocht man sie 1/2 Stunde in mäßig siedendem Wasser. Beim Kochen muß man die Würste umwenden; wenn das Wasser zu stark kochen sollte, etwas kaltes Wasser dazugeben. Wenn die Würste gar sind, läßt man sie in kaltem Wasser abkühlen, legt sie danach zwischen nasse Tücher und hängt sie am folgenden Tag zum Trocknen auf. Leberwurst hält sich 8-14 Tage frisch.

Sülzwurst

2 kg weichgekochte und feingeschnittene Schwarten, ebensoviel würflig geschnittenes mageres Schweinefleisch und 1 kg gewürfelter frischer Speck werden mit Wellfleischbrühe und 1/2 Liter frischem Schweineblut angefeuchtet. Hierauf würzt man die Masse mit Salz, gestoßenen Nelken, Kardamom und Pfeffer, feingeriebenem Majoran, grob gehackten Pistazien und Kochkümmel. Nachdem alles gut verrührt ist, füllt man die Masse in weite Rindsdärme oder in die gereinigte Schweinsblase. Die Würste müssen 2 Stunden langsam in der Wellfleischbrühe kochen und werden dann, nachdem sie erkaltet sind, zwischen zwei Brettern gepreßt. Hierauf hängt man sie 6-10 Tage in den Rauch.

Preßwurst

2 kg mageres Rindfleisch wird geschabt und mit 2 kg würflig geschnittenem Speck, Salz und gestoßenen Nelken, Pfeffer- und Gewürzkörnern gemischt. Man füllt die Mischung fest in gut gereinigte Rindsdärme, preßt die Würste 12 Stunden zwischen 2 Brettern, umbindet sie mit Papier und hängt sie 8 Tage in den Rauch.

Blutgrützwurst

mit Sauerkraut und Bratkartoffeln

Alte Rezeptur für eine Blutgrützwurstzubereitung:
Man quillt 1,5 kg Gerstengrütze in Wasser oder besser noch in Fleischbrühe recht weich aus, gibt ferner die vom Fettausbraten zurückgebliebenen Grieben dazu, in denen man fein zerschnittene Zwiebeln weich gedämpft hat. Um die Masse zu verdünnen, gibt man noch durchsiebtes Schweineblut dazu, verrührt alles gut miteinander, daß die Masse rot wird und würzt mit Salz, gestoßenem Pfeffer, Nelken, Nelkenpfeffer (alles fein zerrieben) und mit Majoran. Danach stopft man die Masse in saubere Därme und läßt die Würste langsam im Kessel (in gesalzenem Wasser) ziehen, bis kein Blut mehr hervortritt, wenn man die Wurst mit einer Nadel ansticht; dann legt man sie zum Erkalten auf eine Schüssel.

Die Blutgrützwurst wird vor dem Anrichten in Schweinefett in der Pfanne gebraten und mit geschmortem Sauerkraut (siehe Gericht: »Eisbein mit geschmortem Sauerkraut«) serviert. Dazu schmecken Bratkartoffeln, aber auch geschälte Pellkartoffeln sind sehr zu empfehlen.

Tollatschen

Pommersche Schlachtespezialität

Es werden folgende Zutaten benötigt:
3 Pfund Mehl, 1/2 Pfund Schweineschmalz, etwas Schweineblut (soviel, bis die Masse rot wird), 1,5 Pfund Zucker und folgende Gewürzmengen sind nach Geschmack zu dosieren: Thymian, Majoran, Zimt, Kardamom, Abrieb und Saft einer Zitrone, gemahlener Nelkenpfeffer (Piment), gemahlene Nelken und etwas Salz. Alles gut vermengen und, ganz wichtig, zum Schluß noch 1 Pfund gewaschene, getrocknete Rosinen darunterkneten. Wer möchte, gibt auch noch süße Mandelblättchen dazu.
Aus der Masse werden nun die Tollatschen (als Kloßform etwas plattgedrückt) geformt und in einer Schweineknochen- oder Fleischbrühe gegart. Sie müssen langsam kochen und man muß darauf achten, daß dabei ab und zu auch auf dem Boden des Topfes leicht gerührt wird, damit sich nichts festsetzen und anbrennen kann. Sind die Tollatschen fertig, kann man sie zu frischem Bauernbrot heiß und auch kalt genießen. Besonders lecker schmecken sie aber, wenn sie der Tradition gemäß in reichlich Fett gebraten werden – dazu reicht man auch vielerorts gerne ein knuspriges Bauernbrot mit herb-feiner herzhafter Konfitüre.

Apfelschmalz
Ausbraten oder Auslassen des Fettes

Vom Schwein verwendet man hierzu das Rückenfett und die Liesen (Flomen); letztere müssen längere Zeit wässern, wobei man das Wasser mehrmals durch frisches ersetzt. Vom Rückenfett trennt man die Schwarte ab. Liesen und Rückenfett werden in Würfel geschnitten und mit 1 Eßlöffel kaltem Wasser aufs Feuer gesetzt. Durch den Zusatz von Wasser spritzt das Fett zwar etwas mehr beim Braten, wird aber dafür auch desto weißer; doch vorsichtig, kein Wasser dazugeben, wenn das Fett schon brät, da man sich dabei sehr verbrennen kann – große Spritzgefahr!!! Nachdem das Fett schon ziemlich ausgebraten ist, gibt man eine abgeschälte gewürfelte Zwiebel und einen in Stücke geschnittenen Apfel hinein; sobald sich die Zwiebel bräunt, ist auch das Fett gut und kann nun abgegossen werden, worauf man die Grieben gut auspreßt.

Man kann auch nach Geschmack etwas Majoran und Nelkenpfeffer (Piment) mitbraten.

Frisch gebackenes knuspriges Bauern- oder Zwiebelbrot mit dem »Appelschmolt« bestrichen und dazu eingelegte Salzgurken aus dem Steintopf lassen ein Picknick, evtl. beim traditionellen Osterfeuer, in gemütlicher Runde zum Festessen werden.

Schmalzäpfel

Eine Leckerei und heiß begehrt waren früher zur Schlachtezeit für die Kinder die »Schmoltäppel«, die mit Zimt und Zucker bestreut besonders gerne verspeist wurden. Im heißen Schmalz der ausgelassenen Flomen wurden herzhaft schmeckende Äpfel (ganz gelassen und ungeschält) gegart und auf einem Teller mit Zimtzucker bestreut gereicht.

Schmalzstulle

»De Schmoltstull« mit viel Zucker bestreut, war bei den Kindern auch eine willkommene leckere Mahlzeit für den kleinen Hunger zwischendurch beim Herumtollen und Spielen in der freien Natur.

Fischgerichte

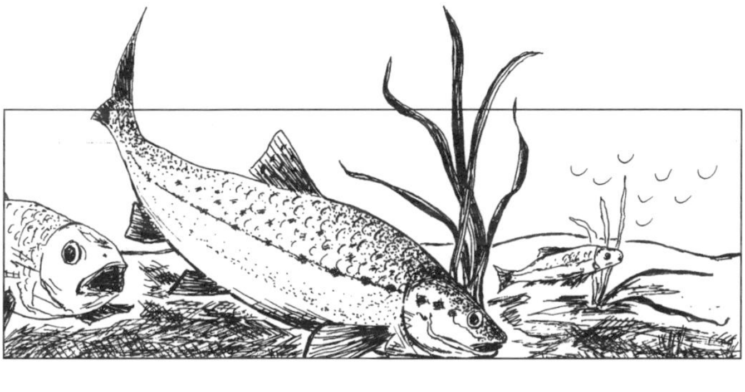

Inhalt | Seite

Inhalt Seite

Zander im Bräter
nach Pommern-Art

Man benötigt 2 kg Zander (küchenfertig), 2 Mohrrüben, 1 Stange Porree, 1/2 kleine Sellerieknolle, 1 Zwiebel, den Saft einer Zitrone, Salz und Pfeffer, etwas frischen Meerrettich, 1 Tasse Wasser, 1 Eßlöffel scharfen Senf, 10 weiße Pfefferkörner, 5 Pimentkörner, 150 g Butter, 1/2 Flasche Hellbier oder, falls zur Verfügung, auch 1/2 Liter halbtrockenen Weißwein, 2 Lorbeerblätter, 1/4 Liter süße Sahne, 2 Eigelb, 30 g Mehl und 1 Bund gehackte Petersilie.

Der gesäuberte und trockengetupfte Zander wird mit Zitronensaft beträufelt, der etwas einziehen muß, und dann gesalzen und mäßig gepfeffert. Das Suppengemüse wird geputzt, gewaschen und in Scheiben geschnitten, der Meerrettich wird geputzt und gerieben.

Der Bräter wird mit Butter ausgefettet und das Gemüse darin verteilt, dann wird der Fisch mit der Bauchseite nach unten darauf gelegt. Die Gewürze werden darüber verteilt und dann werden ein wenig Wasser und etwas Bier oder der Wein hinzugegeben. Den Fisch mit gebuttertem Backpapier abdecken und alles in den vorgeheizten Backofen schieben; bei 200 ° C den Fisch etwa 1 Stunde garen lassen und ab und zu mit dem Sud begießen.

Die Zwiebel abpellen und feingewürfelt in etwas Butter dünsten, Mehl dazugeben und alles kurz anschwitzen. Dann das restliche Bier oder den Wein hinzugießen und unter Rühren etwas köcheln lassen. Den fertig gegarten Zander mit dem Gemüse warm stellen und den entstandenen Sud durchsieben und zur Sauce geben. Diese mit Salz, Senf und Zitronensaft abschmecken und mit dem mit Sahne verschlagenen Eigelb legieren – das Ganze nicht mehr kochen lassen und zuletzt die restliche kalte Butter unterrühren. Den Fisch mit Petersilie bestreuen und mit Gemüse anrichten, die Sauce wird separat gereicht. Dazu werden in Butter geschwenkte Salzkartoffeln und ein frischer Salat serviert.

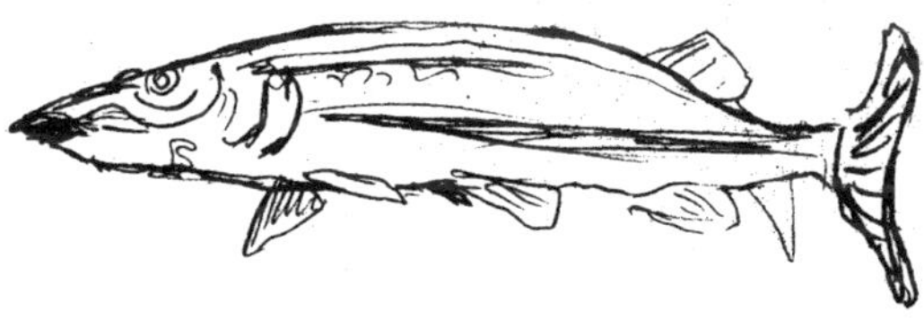

Steinbutt,

Scholle oder Dorsch auf Suppengemüse

3 kg Steinbutt (küchenfertig) für 6 Personen, 3 Stangen Porree, 5 große Mohrrüben, 1 kleine Sellerieknolle, 4 Stück Petersilienstengel, Salz und Pfeffer, Saft von 1 großen Zitrone, 1/2 Liter Weißwein. Für die Kräuterbutter: 200 g Butter, 1 Knoblauchzehe, je 1 Bund Dill und Petersilie, etwas Salz.

Steinbutt (Scholle oder Dorsch) säubern und mit Zitronensaft beträufeln, salzen und pfeffern. Das Gemüse putzen, waschen und in kleine Stücke schneiden, dann in einer gut gebutterten Bratenpfanne mit den Petersilienstengeln verteilen. Mit Salz leicht würzen und 1/4 Liter trockenen Weißwein dazugießen. Darauf den Steinbutt mit der Bauchseite nach unten legen und im vorgeheizten Backofen bei Mittelhitze etwa 20 Minuten backen lassen – zwischenzeitlich mit dem Sud den Fisch überfüllen – dann von dem Butt die Oberhaut lösen und entfernen, nun die Kräuterbutter über den Fisch verstreichen – nochmals für 10-15 Minuten in den Backofen, dann den Butt portionieren und mit dem Gemüse servieren, dazu passen gestampfte Butterkartoffeln und ein frischer Obstsalat.

Bodden-Steinbutt
im Ofen gebacken

Nachdem man einen 4-5 pfündigen Butt (für 8-10 Personen) gut gereinigt und gewaschen hat, zieht man die schwarze Haut ab, wobei man an der Schwanzflosse beginnt. Nun macht man mit einem scharfen Messer mehrere Einschnitte in den Fisch und mariniert ihn für einige Stunden mit Weinessig, Salz, feinen Kräutern und Pfeffer. Dann legt man ihn in eine mit Speckscheiben ausgelegte Pfanne, die gehäutete Seite nach oben, bestreut ihn mit geriebener Semmel, legt etwas zerpflückte Butter obenauf, gießt von der Marinade etwas dazu und bäckt den Fisch im heißen Ofen gar und goldbraun. Diese Art der Zubereitung ist sehr schmackhaft, besonders wenn man holländische Sauce mit Kapern vermischt dazu anrichtet.

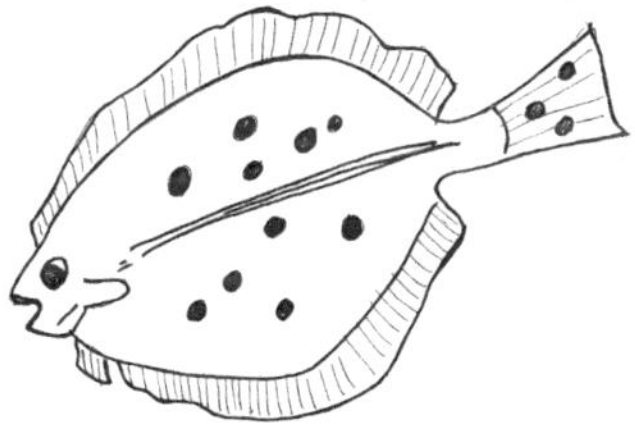

Grüner Aal

Aal gekocht, in einer Kräutersauce

Es werden hierfür 1,5 kg frischer Aal (küchenfertig) benötigt, dazu 1 Petersilienwurzel, 1 Mohrrübe, 1 Zwiebel, 1/2 Liter Wasser, Salz und Pfeffer, 2 Eßlöffel Weinessig, etwas Zitronensaft, 2 Lorbeerblätter, 3 Pimentkörner, 1 Brühwürfel, je 1 Bund Petersilie und Dill, 100 g Butter, 1/4 Liter süße Sahne und 30 g Mehl.
Das Gemüse wird geputzt und gewaschen, die Zwiebel gepellt. Das Wasser wird mit Salz und Weinessig, dem Brühwürfel, dem Gemüse und den Lorbeerblättern sowie der Hälfte von Petersilie und Dill (als Sträußchen gebunden) zum Kochen gebracht. Den Aal waschen, in 5 cm lange Stücke portionieren und in den Sud geben, dann etwa 15 Minuten gar kochen lassen, danach den Aal aus dem Sud nehmen und warm stellen. Nun die Aalbrühe durch ein Sieb gießen und davon 1/4 Liter abmessen. Butter zerlassen, das Mehl einrühren und hellgelb anschwitzen, dann die 1/4 Liter Aalbrühe und die süße Sahne hinzugießen und glattrühren – einige Minuten leicht köcheln lassen. Die Sauce mit Salz, Pfeffer und Zitronensaft abschmecken, die Butter unterrühren sowie die gehackte Petersilie und den feingeschnittenen Dill hinzufügen – nun die Sauce über den warmgestellten Aal geben. Dazu reicht man Salzkartoffeln und einen frischen Gurkensalat.

Barsch

in Petersiliensauce

1-2 kg Barsch (küchenfertig), etwas Weinessig, 1-2 mittelgroße Zwiebeln, 1 kleine Petersilienwurzel, 1-2 Lorbeerblätter, 3 Nelken und 5 Pimentkörner.

Für die Sauce werden benötigt: 2 Schalotten, 4 Petersilienwurzeln, 100 g Butter, 1 Flasche Hellbier, etwa 30 g Mehl, 2 Eigelb, 1/8 Liter süße Sahne, Salz und Pfeffer und gehackte Petersilie.

Den gewaschenen Fisch in reichlich Salzwasser mit einem Schuß Essig, der Zwiebel, der geputzten Petersilienwurzel, dem Lorbeerblatt, den Nelken und den Pimentkörnern etwa 10 Minuten köcheln lassen.

Die verbleibenden 4 Petersilienwurzeln putzen, waschen und in Stücke schneiden. Die Schalotten würfeln und mit wenig Butter anschwitzen, dann die Petersilienwurzel dazugeben, mit Hellbier angießen und weichkochen. Die Sauce mit Mehl binden und mit Eigelb und Sahne legieren, dann mit Salz und Pfeffer abschmecken. Den Rest kalte Butter unterrühren und reichlich gehackte Petersilie beigeben.

Fisch und Sauce getrennt servieren, dazu passen in Butter geschwenkte Petersilienkartoffeln und ein frischer Gurkensalat.

Salzheringe gebraten
- Solt'n Hiering gebroden -

Der Salzhering wird 24 Stunden gewässert oder in Milch eingelegt, dann wird er ausgenommen und von Kopf und Schwanzflosse befreit. Nun den Hering trockentupfen und in einer dickflüssigen Mischung aus Mehl, Weißwein und Eidotter wenden und in brauner Butter beidseitig kroß braten. Zum »Solt'n Hiering gebroden« reicht man geschmortes Sauerkraut und Pellkartoffeln.

Salzheringe gebraten
mit Speck und Spiegeleiern

Salzheringe wässern, säubern und schneiden. In einer Pfanne Speck auslassen, etwas Margarine dazugeben, erhitzen und darin die Heringshälften goldgelb braten. Zuletzt Eier daraufschlagen und braten lassen. Dazu Salzkartoffeln und Krautsalat reichen.

Pellkartoffeln mit Schausterstipp
un een Karn solt'n Hiering

Dieses »Arme-Leute-Essen« ist ein sehr appetitliches Gericht, für den Geldbeutel erschwinglich, und vor allem macht es die Familie satt.

So wird die »Schausterstipp« zubereitet: Am besten gelingt sie in einer Eisengußpfanne. Zuerst werden 150 g durchwachsener Speck fein würflig geschnitten und gut ausgebraten, eventuell noch etwas Öl oder Margarine dazugeben. Dann 1 große Zwiebel kleingewürfelt in dem heißen Fett leicht anbraunen lassen. Nun kommen 3 bis 4 Eßlöffel Mehl dazu, das unter ständigem Rühren in dem Speck-Zwiebel-Fett eine schöne braune Farbe annehmen muß, die Mehlschwitze sollte kurz vor dem »Anbrennen« sein (das ist gerade der Pfiff, damit die Sauce deftig wird und Geschmack bekommt, aber Vorsicht, man muß am Herd bleiben!) Sie wird mit ca. 1/2 Liter heißem Wasser aufgegossen. Danach unter ständigem Rühren einmal aufkochen lassen, damit sie bündig wird. Gewürzt wird mit Salz und Pfeffer, man kann auch mit saurer Sahne den Geschmack der Sauce verfeinern und ihr mit etwas flüssiger Maggiwürze noch eine besondere Note geben.

Heiße gepellte Kartoffeln werden dann zusammen mit der »Schausterstipp« und dem Salzhering auf einem Teller angerichtet und sofort serviert.
Zu den Pellkartoffeln wurde statt der Sauce auch gern das Speck-Zwiebel-Fett gereicht, dann wurden die Kartoffeln darin »gestippt«.

Hieringsstipp

Salzheringe, etwa 500 g für 4 Personen, nach dem Wässern und Säubern in mundgerechte Stücke schneiden. 2 Eßlöffel Essig darauf geben, weiter jeweils 5 kleingeschnittene Zwiebeln und Gewürzgurken dazugeben und 1 Liter Milch sowie Pfeffer-, Piment- und Senfkörner, Lorbeerblatt und etwas frischen Dill darunter rühren. Dann alles etwas durchziehen lassen, dazu werden Pellkartoffeln gereicht.

Senfhering
mit Pellkartoffeln

Salzheringe gut wässern, enthäuten und entgräten, mit Senf bestreichen und in eine Schüssel schichten. Zwischen jede Schicht feingeschnittene Zwiebeln und Gewürzgurken streuen und alles leicht pfeffern. Zuletzt gibt man je nach Menge 2 bis 3 Eßlöffel Tafelöl darüber und legt 1-2 Lorbeerblätter und 3 Pimentkörner dazu.
Sind die Senfheringe durchgezogen, reicht man dazu Pellkartoffeln oder Vollkornbrot.

Salzheringe mit Linsenbrei

Linsen werden am Abend vorher gewaschen und eingeweicht. Man dünstet sie mit etwas Salz und Suppengrün weich und schlägt sie durch ein Sieb. Salzheringe werden entgrätet, mehrere Stunden in Milch gelegt, abgetrocknet und auf beiden Seiten goldgelb gebraten. Mit Zitronensaft beträufelt, gibt man sie auf den Linsenbrei und gießt den warmen Bratensaft darüber.

Gebratene Schollen oder Flundern

4 Schollen oder Flundern, Zitronensaft oder Essig, Salz, 2 Eßlöffel Mehl, 4 Eßlöffel Milch und Öl werden benötigt. Die Fische säubern, die Flossen verschneiden und die Schollen erst mit Zitronensaft, dann mit Salz einreiben. Mehl und Milch verrühren, die Fische damit einhüllen und in reichlich Öl auf beiden Seiten knusprig braten. – Die Fische können auch paniert, also nacheinander in Mehl, verschlagenem Ei und geriebener Semmel gewendet werden. Deftige Variante: ausgelassenen fetten oder durchwachsenen Speck über die gebratenen Schollen oder Flundern geben.

Gedämpfte Heringskartoffeln

Benötigt werden: 200 g Salzheringe, 10 mittelgroße Kartoffeln, Salz, Dill, Petersilie, 1/4 Liter saure Sahne. Die Heringe waschen, 3 Stunden in kaltem Wasser wässern, enthäuten, ausnehmen, entgräten und portionieren. Kartoffeln schälen und in Scheiben schneiden. Lagenweise Hering und Kartoffelscheiben in eine Auflaufform einschichten. Die Kartoffeln etwas salzen, die gehackten Kräuter darübergeben. Mit saurer Sahne begießen und zugedeckt im Backofen bei 180 °C ca. 45 Minuten garen lassen.

Fischtopf mit Gemüse

500 g Fischfilet, Zitronensaft oder Essig, Salz, 500 g Kartoffeln, 500 g verschiedenes Gemüse (Mohrrüben, Kohlrabi, Sellerie, Porree), 1 Zwiebel, 2 Eßlöffel Margarine, 1/2 Liter kräftige Brühe, 2 Eßlöffel Kräuter.

Das Fischfilet in Würfel schneiden, mit Zitronensaft beträufeln und später salzen. Die geschälten Kartoffeln in Würfel schneiden. Das vorbereitete Gemüse und die Zwiebeln kleinschneiden. Die Hälfte der Margarine in einem Topf erhitzen. Kartoffeln und Gemüse zugeben, die kochende Brühe, nach Belieben auch etwas mehr als 1/2 Liter, auffüllen. Zugedeckt 10 Minuten dünsten. Den Fisch obenauf legen, die restliche Margarine in Flöckchen darauf verteilen und das Gericht gar dünsten. Mit gehackten Kräutern (Petersilie, Dill, Kerbel, Schnittlauch) bestreut auftragen. Statt Kartoffeln lassen sich auch 200 g eingeweichte weiße Bohnen verwenden.

Karpfen in Malzbier
Muttchens Traditonsgericht am Heiligabend

Ein Jahrhundertrezept und Familientraditionsessen am Heiligabend!
Man benötigt einen Karpfen von etwa 3 Pfund – küchenfertig – für 5 bis 6 Personen, weiterhin 1 Zwiebel, 1 bis 2 Lorbeerblätter, 5 Pfefferkörner, 3 Pimentkörner, Fliederkräude*, Fischpfefferkuchen (gibt es im Reformhaus), 3 Flaschen Braunbier, 1 Malzbier.
Der Karpfen wird ausgenommen, Kiemen werden entfernt, gut gewaschen und entschuppt. Der Kopf bleibt dran!
5 bis 10 Minuten wird der Karpfen dann in Essigwasser gesäuert, dadurch nimmt er eine blaue Farbe an, anschließend wird er vorsichtig trockengetupft und in Portionen geteilt.
Zwischenzeitlich einen Sud kochen; dazu etwa 1/8 Liter Wasser mit der Zwiebel, Lorbeerblättern, Pfefferkörnern, Piment, Fliederkräude und Fischpfefferkuchen 10 Minuten köcheln lassen.
Sollte es an Fliederkräude und Fischpfefferkuchen fehlen, schmeckt es auch ersatzweise mit etwas Schwarzbrotrinde und 2 braunen Pfeffernüssen. Nachdem der Sud durchgezogen ist, wird das Malzbier dazugegossen und alles wird

nochmals aufgekocht. Dann wird der portionierte Fisch dazugegeben und er muß nun 20 Minuten darin durchziehen. Jetzt den Karpfen aus dem Sud nehmen und warm stellen, den Sud durch ein Sieb gießen.
Für die Sauce wird Butter ausgeschäumt, Mehl dazugegeben und leicht gebräunt angeschwitzt, dann mit dem Fischsud aufgefüllt und mit Zitrone oder Essig und Zucker abgeschmeckt. Die Fischsauce darf nicht zu dick sein, sie sollte eher die Konsistenz einer Suppe haben.
Der Karpfen wird nun wieder in die Sauce gegeben, alles noch ein wenig ruhen lassen und dann wird der leckere Karpfen in Malzbier-Sauce mit Salzkartoffeln serviert.
Eine »Karpfenschuppe« unbedingt für jedes Familienmitglied gesäubert trocknen lassen – sie ist nach alter Überlieferung ein Glücksbringer für den Geldbeutel im neuen Jahr!
... vielleicht klappt es ja mit dem Geldsegen, einen Versuch ist es bestimmt wert!

* Fliederkräude – Fliederbeerensirup
(Kräude – Rübensirup)

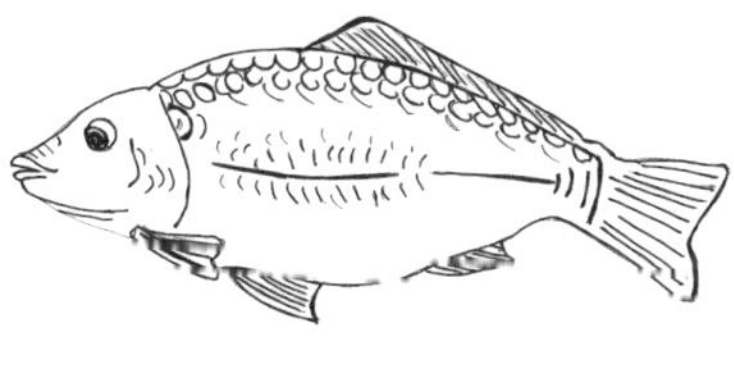

Labskaus

ein Seemannsgericht

Für dieses Seemannsgericht werden benötigt: gepökeltes Bauchfleisch, Kartoffeln, Porree, Sellerieknolle, Zwiebeln, Salzgurken, eingelegte Rote Bete, Salzheringe (entgrätet und filetiert), Worcestersauce, Pfeffer und Salz; als Beilage: Spiegelei, Salzgurken, Rote Bete, kleine Sardellenfilets und frische Petersilie zum Garnieren.

Die Kartoffeln werden im Salzwasser gegart; das gepökelte Bauchfleisch wird zusammen mit dem geputzten und kleingeschnittenen Gemüse gar geköchelt.

Beim Labskaus kommt es besonders auf die Konsistenz des Breies an. Deshalb empfiehlt es sich, alle Zutaten durch einen Fleischwolf zu drehen. Man beginnt frei nach Wahl mit dem Fleisch, dem Gemüse oder den Kartoffeln, dann kommen die Salzheringe, die Rote Bete und die Salzgurken. Alle durchgedrehten Zutaten gut vermengen und eventuell mit der Fleischbrühe auffüllen, falls der Brei zu trocken ist. Er sollte geschmeidig sein, zuletzt wird der Brei mit Worcestersauce, Pfeffer und Salz abgeschmeckt. Dann wird der Labskaus auf Teller portioniert und mit 2 Spiegeleiern belegt. Zur Garnierung mit Salzgurkenstreifen, 3 Scheiben von der Roten Bete sowie 1 -2 Sardellenfilets und mit etwas gehackter Petersilie appetitlich anrichten.

Pfannen-Fisch
mit Bratkartoffeln

375 g garer Fisch, 50 g Butter oder Margarine, 750 g gekochte Kartoffeln, 1 große Zwiebel, 200 g durchwachsener Speck, Salz, Pfeffer, 2 Eßlöffel Senf, 1 Bund Petersilie oder Dill.

Den sorgfältig entgräteten Fisch in kleine Stücke zerpflücken. In dem ausgelassenen Speck und der erhitzten Butter die kleingeschnittene Zwiebel glasig dünsten, dann die in Scheiben geschnittenen Kartoffeln anbraten und nach ein paar Minuten auch den Fisch dazugeben. Mit Salz und Pfeffer würzen, dann den Senf darüber verteilen. Unter mehrfachem Umheben knusprig braten und vor dem Servieren reichlich mit gehackter Petersilie oder Dill bestreuen. Dazu kann man einen frischen Gukensalat in pikanter Zwiebelsahne, mit Pfeffer und Salz gewürzt, reichen.

Schellfisch, gesotten

Der abgeschuppte und küchenfertige Schellfisch (Dorsch) wird in kochendes Salzwasser, gewürzt mit 1 Lorbeerblatt und 3 Pimentkörnern, gelegt. Darauf kommen 2 geputzte, in Scheiben geschnittene Zwiebeln sowie 1 in Scheiben geschnittene Zitrone. Der Fisch wird in diesem Sud je nach Größe 20 bis 25 Minuten gekocht.
Man gießt beim Servieren einen Eßlöffel Sud über den Fisch und reicht dazu braune, zerlassene Butter, in die man je 1 Eßlöffel frische feingewiegte Petersilie oder Dill sowie 1 Eßlöffel feingeschnittene Schalotten gibt. Dazu passen Salzkartoffeln und ein frischer Feldsalat mit Zitronensaft, etwas Zucker und Mandarinenspalten.

Fischröllchen

mit Gemüse

Die grünen Heringe werden gewaschen, gesäubert und entgrätet, das Fischfilet gesalzen und mit Speck und Zwiebeln belegt aufgerollt und mit einem Holzspießchen fixiert. Dann werden die Röllchen in Semmelmehl gewendet und in Butter rundherum knusprig gebraten. Im Bratensud dünstet man feingeschnittenen Sellerie und kleingeschnittene Mohrrüben mit. Gemüse und Fischröllchen anrichten, dazu passen Pellkartoffeln und ein pikanter Gurkensalat.

Fischbratklopse

- der Klassiker -

500 g Fischfleisch werden mit 250 g fettem Speck und 1-2 Zwiebeln durch den Fleischwolf gedreht, mit einem in Wasser eingeweichten Brötchen (gut ausgedrückt), Salz, Pfeffer und 1 Ei gut verknetet. Aus der Fischmasse dann gleichmäßig große Klopse formen. Die Fischklopse werden in Mehl gewendet und in heißem Fett rundherum schön braun und knusprig gebraten. Dazu passen Bratkartoffeln genauso gut wie Salzkartoffeln, die aber mit einer pikanten süß-sauren Sauce gereicht werden. Als Beilage kann man dazu süß-sauer eingelegte »Rote Betekugeln« servieren.

Dorschklopse

mit frischen Gartenkräutern gewürzt

1 kg frischen Dorsch (küchenfertig ohne Kopf und entgrätet), 300 g durchwachsenen oder fetten Speck, 3 bis 4 große Zwiebeln, Salz und Pfeffer, 1 großes Ei, 1 Brötchen eingeweicht und gut ausgedrückt, ein paar Spritzer Speisewürze, etwas gepreßten oder sehr fein geschnittenen Knoblauch und einen Mix aus frischen Gartenkräutern je nach Angebot wie z.B. feingehacktem Dill, Petersilie, Liebstöckel, Thymian und Majoran.

Dorschfleisch und Speck im Fleischwolf durchdrehen, dann alle anderen Zutaten dazugeben und recht kräftig mit Pfeffer und Salz würzen. Dann Klopse formen und in heißem Öl unter Zugabe eines Rosmarinzweiges ringsherum goldbraun knusprig braten. Der Fischklopsmasse kann man auch etwas von einer feingehackten Paprikaschote (von gelber und roter Art) beimischen. Diese Klopsvariante ist sehr würzig und appetitanregend, also gleich eine größere Menge zubereiten! Dazu passen ein pikanter Kartoffelsalat und ein kühles Bier.

Marinade
für eingelegten Sahne-Hering

Gewünschte Menge Salzheringe über Nacht wässern (mindestens 12 Stunden), danach die Haut abziehen und die Mittelgräte entfernen. Dann den Hering portionieren.
Für die Marinade benötigt man: 1 bis 1,5 Flaschen Kaffeesahne, kleingeschnittene Würfel von 1 großen Zwiebel, etwas Pfeffer, 1 Bund feingehackte Petersilie, 1 Schuß guten Essig, 3 Eßlöffel Zucker.
Alle Zutaten für die Marinade werden gut verrührt, bis sich der Zucker aufgelöst hat. Die Marinade über den vorbereiteten, portionierten Fisch gießen und alles 2 bis 3 Stunden an einem kühlen Ort durchziehen lassen. Dazu werden heiße Pellkartoffeln serviert und ein Blattsalat gereicht, der mit Zitronenwasser und Zucker zubereitet und mit ausgelassenen, krossen Speckwürfeln überfüllt wird.

Bratfisch in

süß-sauer pikanter Marinade

Fische wie Heringe, Wittlinge, Flundern, Makrelen je nach gewünschter Art werden gesäubert, gesalzen und mit Essigwasser oder Zitronensaft gesäuert und portioniert. Dann werden sie in Mehl gewendet und in heißem Öl von beiden Seiten kroß gebraten.
Je nach gewünschter Menge Fisch werden Zwiebeln gepellt und in Ringe geschnitten.
Nun den Fisch in einer Keramikschüssel aufschichten, das heißt abwechselnd eine Schicht Fisch und eine Schicht Zwiebelringe. Zuletzt gießt man dann folgende süß-saure Marinade darüber: Im Verhältnis von 1 Tasse Essig und 2-3 Tassen Wasser, 4 Eßlöffel Zucker, 1 Eßlöffel Salz, 1 Lorbeerblatt, 4 Pimentkörner zusammen aufkochen, der Sud sollte noch in der Nase leicht kribbeln. Nun den eingelegten Fisch 3 Tage kühl gelagert ziehen lassen (aber bloß nicht in den Kühlschrank). Zum eingelegten Fisch werden Stampfkartoffeln gereicht, die mit den Zwiebelringen belegt serviert werden.

Rollmops, wie ihn alle mögen

ein Jahrhundertrezept aus Spandowerhagen

20-25 weiße, fette Heringe (küchenfertig) säubern, waschen und entgräten. Die Mittelgräte läßt sich leicht entfernen, indem man den Hering mit der aufgeklappten Bauchseite auf ein Brett legt und über den gesamten Rücken unter Druck mit dem Daumen streicht, dann den Fisch umdrehen und mit einem Ruck die Mittelgräte herausheben. Nun muß der Hering in reichlich Salz 24 Stunden durchziehen, danach kommt er für 24 Stunden in Essigwasser im Verhältnis von zwei Tassen Essig und einer Tasse Wasser.
Ist die Vorarbeit getan, läßt man die Heringe abtropfen. Nun wird die Innenseite mit Senf bestrichen, mit Zucker bestreut und mit Senfkörnern, Pfeffer, Zwiebelscheiben und geschnittenen Gewürzgurkenstreifen belegt.
Jetzt werden die gefüllten Heringsfilets fest aufgerollt und mit kleinen Holzspießchen fixiert, dann kommen die »Möpse« schichtweise in ein großes Tongefäß; mit Zucker bestreuen und einige Zwiebelscheiben dazugeben, zum Schluß mit Essigwasser auffüllen. Mit einer Untertasse abdecken, beschwert mit einem Stein o.ä. ca. 5 Tage ziehen lassen. Dazu passen Bratkartoffeln oder Stampfkartoffeln, aber auch ein frisches knuspriges Bauernbrot ist eine köstliche Ergänzung, dann auch besonders als »Katerfrühstück« zu empfehlen!

Rollmops

... noch eine Rezeptur

Für etwa 40 Heringsfilets ein erstes Garbad von einer folgenden Beize (kalt) vorbereiten: 1,5 Tassen Spritessig – 10 % –, 1,5 Hände voll Salz, 30 g Zucker, 1 Liter kaltes, abgekochtes Wasser.

Die Heringsfilets darin 24 Stunden ziehen lassen. Danach trockentupfen und nebeneinander ausgebreitet mit Senfkörnern sowie grobem Pfeffer bestreuen und mit Zwiebeln und Gewürzgurkenstreifen belegen. Dann werden die Filets fest aufgerollt und mit ein bis zwei kleinen Holzstäbchen festgesteckt.

Einen kalten Aufgußsud für die Rollmöpse wie folgt zubereiten:

1,5 Liter Flüssigkeit – den Gewürzgurkensud mit verwenden und mit abgekochtem, kaltem Wasser auffüllen – mit 10 Eßlöffeln Zucker und 1,5 Eßlöffeln Salz vermengen.

Die Rollmöpse werden nun in einem großen Tongefäß mit Lorbeerlaub, Piment und Zwiebelringen eingeschichtet und mit dem zubereiteten Aufgußsud bis zum Bedecken aufgefüllt. Die »Möpse« sollten mindestens 2 bis 3 Tage durchziehen.

Räuchermakrelensalat

1 geräucherte Makrele, 2 kleine Gewürzgurken, 1 Zwiebel, Salz, Pfeffer, feines Speiseöl (Olivenöl).
In der Vorbereitung für die Marinade die Gewürzgurken und die Zwiebel fein würflig schneiden, dann einen guten Schuß Öl dazugeben und mit Pfeffer und Salz würzen. Nun die Räuchermakrele enthäuten, ausnehmen und filetieren. Das Makrelenfilet kleinschneiden und in eine Schüssel geben, dann die Marinade darübergießen und gut durchrühren. Dazu ein frisch gebackenes Vollkornbrot und ein frisch gebrautes Bier und eine gemütliche Runde ist sicher.

Bücklingsbutter

Der Bückling wird enthäutet, entgrätet und durch ein Sieb gestrichen. Die gewünschte Buttermenge wird sahnig gerührt und mit der Bücklingsmasse vermischt, mit Salz wird abgeschmeckt. Wer es pikanter möchte, kann der Butter auch noch etwas Zitronenabrieb (unbehandelte Frucht) und ein wenig Zitronensaft beifügen.

Heringshäckerle

eine herzhafte Variante

Für 4 Personen 8 Fettheringe, 3 Eier, 3 Zwiebeln, 4 Gewürzgurken, etwas Petersilie zum Garnieren. Die Heringe je nach Schärfe wässern oder in Milch legen. Eier hartkochen, abschrecken und pellen, eine halbe Zwiebel in Ringe schneiden und zum Garnieren beiseite legen. Den Rest würfeln, Heringe, Eier und Gurken ebenfalls, alles vorsichtig mischen, mit Zwiebelringen und Petersilie verzieren. Dazu Pellkartoffeln oder Vollkornbrot mit frischer Butter servieren.

Eine fruchtige Variante

2 vorbereitete und entgrätete Salzheringe abziehen, recht klein schneiden oder hacken, ebenso einen Boskop-Apfel, saure Gurken und Zwiebeln in kleine Würfel schneiden. Alle Zutaten gut mischen und mit einer Marinade aus Kräuteressig, Öl, Senf und Pfeffer überfüllen. Obenauf eine Schicht Zwiebeln, 1 Lorbeerblatt und 3-5 Pimentkörner legen – alles sollte mit der Marinadenflüssigkeit bedeckt sein. Sollte die Marinade nicht ausreichen, mit Öl auffüllen.

Matjes

ein Hering der besonderen Art

Matjes ist ein junger, noch nicht laichreifer Hering. Fangzeit ist Ende Mai bis Anfang Juni in der Nordsee vor Dänemark oder Norwegen, bevor der Fortpflanzungsprozeß beginnt. Der Hering wird, bis auf Teile des Darms und der enzymhaltigen Bauchspeicheldrüse (man sagt, daß diese Innereien für eine besonders aromatische Würze im Reifeprozeß wichtig sind), ausgenommen. Anschließend kommt dieser geschichtet für 5 Tage in eine Salzlake. Gelagert wird der Hering in Eichenholzfässern. Dieses Verfahren ist bereits 600 Jahre alt. Pro Person rechnet man mit ein bis zwei Doppelfilets, hierbei ist die Hauptgräte bereits entfernt. Bevor man den Matjes genießt, sollte man ihn auf seinen Salzgehalt prüfen. Falls er zu würzig ausfällt, wird er für 10 Minuten gewässert oder in Milch eingelegt. Der Matjes sollte immer gut gekühlt serviert werden – mindestens für 2 Stunden in den Kühlschrank legen, dann hat er die richtige Temperatur. Die deutsche Bezeichnung Matjes stammt vom niederländischen Maatjesharing ab, und dies ist eine Abwandlung von Maagdenharing, was soviel wie Mädchenhering oder Jungfrauenhering bedeutet und sich auf die geschlechtliche Unreife des Herings in der Zeit von Ende Mai bis Anfang Juni bezieht.

Matjes

der Klassiker nach Hausfrauenart

Man rechnet pro Person etwa 100 g, maximal 200 g Matjesfilets.
Hierfür wird eine Remouladensauce wie folgt zubereitet:
Benötigt werden 2 Eigelb, 2 Eßlöffel weiche Butter, 4 Eßlöffel feines Speiseöl, 1 Eßlöffel scharfer Senf, 1 Eßlöffel Essig sowie Salz und Pfeffer.
Alle Zutaten werden gut verrührt, bis die Masse schön gebunden ist. Die Sauce wird verfeinert durch feingehackte frische Gartenkräuter wie Dill und Schnittlauch. Zuletzt werden kleingeschnittene Gewürzgurken, 2-3 eingelegte, zerkleinerte Kapern und in feine Ringe geschnittene Schalotten und 1 in Würfel geschnittener süß-saurer Apfel unter die Remouladensauce gehoben. Dazu passen frische junge Pellkartoffeln.

Noch eine Variante:
Je 1 Becher saure Sahne und Schlagsahne, 2 Eßlöffel Mayonnaise, Salz und Pfeffer, 1-2 Eßlöffel scharfen Knoblauchsenf, 1 kleingewürfelte Gewürzgurke, 1 feingewürfelten Boskop-Apfel, Schalotten oder eine Zwiebel feinge-

würfelt, 1 Bund feingehackten Dill und etwas Zucker vermischen. Von dem Gurkenwasser etwas zurückbehalten und damit beim Abschmecken nachwürzen. Alle Zutaten für die Sauce vermengen, gut verrühren und zum leicht gewässerten, trockengetupften Matjes und jungen Pellkartoffeln servieren.

Matjes mit Speckbohnen
und Pellkartoffeln

Für 4 Personen werden folgende Zutaten benötigt:
8 Matjesfilets, 2 Zwiebeln, 200 g gewürfelter Speck, 1 Eßlöffel Butter, Pfeffer und Salz, 600 g Brechbohnen, 3 frische Zweige Bohnenkraut.

Küchenfertige Bohnen 15 bis 20 Minuten in kochendem Salzwasser mit Bohnenkraut garen.

Matjesfilets 10 Minuten in kaltes Wasser legen, dann trocknen. Zwiebel putzen und feinhacken. Den Speck in einer Pfanne ausbraten, Butter dazugeben und darin die Zwiebelwürfel andünsten. Nun werden die Bohnen abgegossen und in die Pfanne zu den Speckzwiebeln gegeben. Alles gut vermischen und nochmals kurz braten lassen – mit Salz und Pfeffer würzen.

Matjes und Speckbohnen auf einem Teller anrichten, dazu passen Pellkartoffeln, aber auch ein frisches Vollkornbrot mit Butter.

Zubereitung von Obst und Gemüse

Inhalt Seite

Inhalt Seite

Backpflaumen

Die hierzu bestimmten Pflaumen bleiben am besten solange am Baum, bis die Haut anfängt zu schrumpfen, dann sind sie am süßesten. Ohne sie zu waschen entfernt man die Stiele und legt nun die Pflaumen nebeneinander auf Backbleche, die man in den mäßig warmen Ofen schiebt. Ist die Hitze zu groß, so platzen sie. Um sich zu überzeugen, ob die Pflaumen ganz trocken geworden sind, was 2-4 Tage dauert, nimmt man einige heraus und läßt sie erkalten, erst dann kann man es richtig beurteilen. Sind sie trocken, so breitet man sie auf sauberen Tüchern aus und läßt sie noch etwa 14 Tage weiter trocknen.

Äpfel und Birnen

an der Luft zu trocknen

Reife, aber nicht zu mürbe Äpfel und Birnen schält man, schneidet sie in Scheiben, wobei man auch das Kerngehäuse entfernt, und zieht diese Scheiben mit einer groben Nadel auf starke weiße Zwirnsfäden. Die Schnüre hängt man an die Luft, so daß sie frei hängen und gut Sonne bekommen. Sind die Früchte trocken, so zieht man die Schnüre heraus und verwahrt die Früchte in kleinen Leinensäckchen.

Verschiedene Würzkräuter
zu trocknen an der Luft

Zu den Würzkräutern zählt man Petersilie, Salbei, Thymian, Majoran, Saturei (Pfeffer- oder Bohnenkraut), Melisse, Pfefferminze, Basilikum und Dill. Sammelt man diese Kräuter, um sie zu trocknen, so geschieht das am besten in den Vormittagsstunden, sobald der Tau abgetrocknet ist. Da die Kräuter nicht gewaschen werden dürfen, pflückt man nur die sauberen Stiele, die weder sandig noch staubig sind. Von der Petersilie nimmt man am besten ganz junge, kaum ausgewachsene Blätter, von Wermut und Beifuß nimmt man die Stiele, die Blütenknospen tragen; die anderen Kräuter dagegen dürfen noch keine Blüten angesetzt haben. Man bindet die Kräuter, jede Art für sich, in kleine Sträuße und hängt diese zum Trocknen an einen luftigen, aber schattigen Ort; die Sonne würde das Aroma zu sehr ausziehen. Wenn sie trocken sind, steckt man sie in Papierbeutel oder Tüten, schreibt den Namen des Krautes darauf und bewahrt die Kräutertüten im Schrank an einem trockenen Ort auf.

Bratapfel – klassisch

Die einfache Art

Die Äpfel waschen, abtrocknen, mit zerlassener Butter bestreichen und auf ein leicht gefettetes Backblech setzen. In der vorgeheizten Backofenröhre auf mittlerer Schiene etwa 15 bis 20 Minuten bei Mittelhitze braten lassen und mit einer Zucker-Zimt-Mischung bestreuen. Besitzt man noch eine Ofenröhre im guten alten Kachelofen, so werden die Äpfel gewaschen und getrocknet, pur wie sie sind, mit der Blumenseite auf einen Teller gestellt und darin gegart, dann mit Zucker bestreut serviert und ausgelöffelt.

Zimt-Butter-Bratapfel

6 große Äpfel (Boskop) entkernen (Apfelkern-Ausstecher), ringsherum die Äpfel dünn einschneiden, mit Wasser bestreichen, dieses verhindert das Schwarzbrennen. In die Öffnung obenauf ein Stück Butter, so groß wie eine Haselnuß, reindrücken und etwas Zimtzucker darauf streuen. Die Äpfel werden in eine gebutterte Auflaufform gestellt und bei 180 °C 30 bis 40 Minuten im Backofen gebraten, bis sie weich und goldbraun sind. Zum Schluß mit einer herzhaften Konfitüre bestreichen.

Gefüllte Bratäpfel

Man nehme Äpfel von einer mürben, nicht zu süßen Sorte, schäle sie und höhle sie vorsichtig aus, ohne die Stielseite zu beschädigen. Man stelle sie auf diese Seite in eine ordentlich gebutterte feuerfeste Form, fülle in die Apfelhöhlung je einen Kaffeelöffel Zucker, Korinthen und Johannisbeergelee oder eine andere herzhafte Konfitüre nach eigener Wahl. Man gebe auf jeden Apfel eine kleine Butterflocke, beträufele die gefüllten Äpfel mit etwas Zitronensaft und streue einen Eßlöffel voll Zucker leicht darüber. Nun kommen die Äpfel in den vorgeheizten Backofen und werden dort bei Mittelhitze etwa 30 Minuten gebacken, bis sie weich sind und eine goldbraune Farbe angenommen haben.

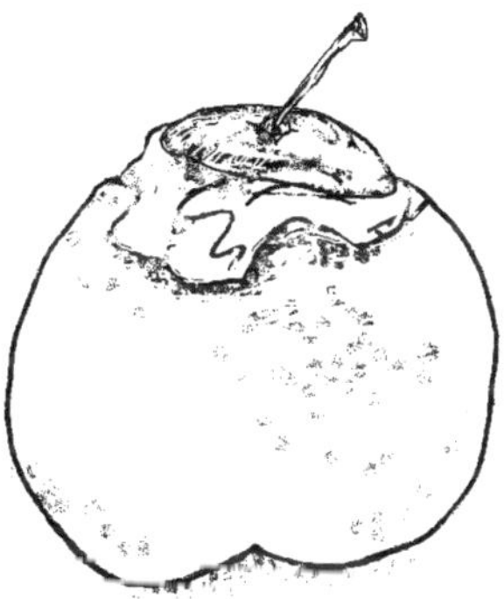

Bratäpfel

mit Schneehaube

Die vorbereiteten und gefüllten Äpfel wie im vorhergehenden Rezept beschrieben in der Backröhre 15 Minuten vorbacken.

Unterdessen von 1 großen Ei das Eiweiß mit 1 Prise Salz steifschlagen. Das Eigelb mit etwas Vanillezucker und je 1 Teelöffel Zucker und Zitronensaft schaumig rühren. Den Eischnee vorsichtig unter die Masse heben. Jeder Apfel bekommt von dieser Créme eine Haube. Die Äpfel werden nochmals in die Röhre geschoben und etwa 15 bis 20 Minuten gebacken.

Mit Staubzucker bestreut ist der Bratapfel heiß serviert ebenso ein Genuß wie die kalte Variante mit einer heißen Vanillesauce.

Beern und Klümp

Birnen und Klöße

Frische Birnen werden in Hälften geteilt, entkernt und mit Zucker, Zimtstange und Zitronenscheiben in Wasser gegart. Dann gibt man die Birnen auf ein Durchschlagsieb, entfernt Zitronenscheiben und Zimtstange, dickt den Saft mit etwas Stärkemehl an und füllt die Birnen wieder zurück in die Fruchtsauce. Dazu ißt man Klöße, gebratenen Speck und »Kloppschinken«. Hier ist das Rezept für die Klümp:

Klümp

- abgerührte Klöße -

In einem Topf rührt man 1/2 Liter Milch mit 200 g Mehl und einem Eßlöffel Butter solange bei mäßiger Hitze, bis sich der Teig als Kloß vom Kochtopfboden löst. Topf vom Herd nehmen, abkühlen lassen. Dann rührt man 8 Eigelb, die geriebenen Krumen von 200 g Semmeln, die in Würfel geschnittenen und in Speck braun gebratenen Krusten der Semmel sowie 1 Teelöffel Salz und Eischnee von 6 Eiern darunter und vermischt alles gut. Nun werden Klöße geformt, die in schwach gesalzenem Wasser gegart werden. Dazu schmeckt auch Backobst mit Zimt, Zucker und Zitrone in Wasser gekocht und mit etwas Stärkemehl angedickt.

Kartoffelpuffer

1,5 kg Kartoffeln, Salz, Mehl, 1 Ei, 1 Zwiebel, Bratfett (Sonnenblumenöl und etwas Butter) werden benötigt.
Die Kartoffeln schälen, reiben und salzen. Den Kartoffelsaft nicht abgießen, sondern mit wenig Mehl oder 2-3 gekochten und geriebenen Kartoffeln binden. Nach Belieben 1 kleine Zwiebel an den Teig reiben. Im Tiegel Bratfett erhitzen, dann löffelweise den Teig hineingeben, flach drücken und auf beiden Seiten knusprig braun braten.

Süße Variante:
Zu den Kartoffelpuffern reicht man Zucker oder Marmelade, aber insbesondere schmeckt auch Pflaumen- oder Apfelmus sehr gut dazu.

Herzhafte Variante:
Als Beilage zu gebratenem grünen Aal, mit einem herzhaften Gurkensalat – zubereitet mit Zitronen- oder Essigwasser, etwas Öl, Pfeffer und Salz sowie gehackten frischen Kräutern wie Dill oder Petersilie.

Kartoffelsalat

mit Äpfeln und Speck

1 kg Salatkartoffeln, 5 Äpfel, 1 Zwiebel, 2 Gewürzgurken, 150 g durchwachsener Speck , 2 Eigelb, 1/8 Liter saure Sahne, zwei Eßlöffel Öl, 1 Eßlöffel Speise-Essig, 1/2 Teelöffel scharfer Mostrich, 5 Tropfen Suppenwürze, Salz, Pfeffer und etwas Zucker.

Die geschälten, gekochten und abgekühlten Salatkartoffeln werden in feine Scheiben geschnitten, gesalzen und mit den geschälten feinscheibig geschnittenen Äpfeln, der feingeschnittenen Zwiebel und den Gewürzgurken vermischt. Der durchwachsene Speck wird ebenfalls feingewürfelt, kroß ausgebraten und unter die Kartoffeln und Äpfel gehoben.

Man verquirlt die saure Sahne mit den beiden rohen Eigelb, gibt tropfenweise das Öl, dann Mostrich, Suppenwürze und den Speise-Essig hinzu und schmeckt die Sauce mit etwas Zucker, Salz und Pfeffer ab. Die Sauce sollte recht kräftig abgeschmeckt werden. Mit ihr werden dann die Kartoffel- und Apfelscheiben durchschwenkt. Nun läßt man den Salat einige Zeit durchziehen. Dies ist ein sehr deftiges, fruchtiges Kartoffelgericht, das man mit Würstchen, gebratenen Koteletts oder Klopsen, aber auch mit gebratenem oder gebackenem Fischfilet servieren kann.

Usedomer Pfefferkartoffeln

Ein altes Kartoffelgericht, wie es auf der Insel Usedom gern gegessen wurde.
Gewünschte Kartoffelmenge in Salzwasser kochen, abgießen (etwas Kartoffelwasser aufheben), kurz und leicht stampfen – es sind noch kleine Kartoffelstücke vorhanden. In einer Pfanne Speck und Zwiebeln mit etwas Kartoffelwasser braten. Alles über die gestampften Kartoffeln geben und mit Pfeffer bestreuen. Dazu kann Fisch gereicht werden, aber auch gebratene Eier mit Schinken passen dazu. Als Beilage können Gewürzgurken gereicht werden.

Usedomer Fischkartoffeln

Gewünschte Kartoffelmenge mit 1 Lorbeerblatt, Piment und 1 großen Zwiebel kochen, abgießen. Kartoffeln nur kurz mit Milch stampfen – es müssen noch kleine Stücke vorhanden sein. Butter, Pfeffer, Salz und Petersilie in die gestampften Kartoffeln rühren. Dazu kann man Fisch jeder Art reichen, wie Räucherfisch, Matjes, gebratene Heringe, Rollmöpse, aber auch Rauchwurst oder geräucherter Schinken passen zu diesen gestampften Kartoffeln sehr gut. Ein frischer Gurkensalat ist eine gute Ergänzung für dieses herzhafte Kartoffelgericht.

Kartoffel-Klöße

800 g Kartoffeln, Salz, 50 g Hartweizengrieß, 80 g Weizenmehl, geriebene Muskatnuß, 2 Eier werden benötigt. Die gegarten und gedämpften Salzkartoffeln werden durch ein Sieb gestrichen. Den Brei auskühlen lassen, Grieß und Mehl darüberstreuen und mit Muskat würzen. Eier leicht verquirlen, in die Mitte der Masse geben und rasch einen Teig kneten. In sanft siedendes Wasser geben und ca. 15 Minuten garziehen lassen. Klöße auf das Sieb geben, abtropfen lassen und mit Petersilie bestreut servieren.

Salat von Sauerkraut

Zartes, weißes Sauerkraut, 6 Eßlöffel Salatöl, 1 Glas Weißwein, 1 Eßlöffel Essig, wenig Pfeffer, 4 würflig geschnittene mürbe Äpfel, 1 Eßlöffel Zucker.

Das Sauerkraut gut ausdrücken und mit dem Öl, dem Weißwein und dem Speise-Essig durchmischen; mit Pfeffer und etwas Zucker abschmecken. Die Äpfel werden geschält und würflig geschnitten, mit einem Eßlöffel Speise-Essig und dem restlichen Zucker durchschwenkt und als Kranz um den bergartig angerichteten Sauerkrautsalat gelegt.

Kartoffel-Selleriesalat

1 große Knolle Sellerie, 300 g Salatkartoffeln, 3 Salzgurken, wenig Salz, 1 Prise Zucker, 3/4 Liter saure Sahne, 1 Eßlöffel Salatöl, 3 Eßlöffel Speise-Essig, gewiegte Petersilie, gehackter Schnittlauch.

Die gekochte Knolle Sellerie und die gekochten Kartoffeln werden abgezogen, in feinste Scheiben geschnitten und mit den ebenfalls feinscheibig geschnittenen, abgeschälten Salzgurken vermischt, worauf man sie möglichst heiß mit der schon vorher zubereiteten Sauce durchschüttelt. Diese wird aus saurer Sahne mit dem tropfenweise zugesetzten Salatöl, Speise-Essig und gewiegten Kräutern bereitet und mit Salz abgeschmeckt. Der fertige Salat sollte erst einige Zeit durchziehen, bevor er zu Tisch gebracht wird.

Selleriesalat

Benötigt werden 2 geschälte und gekochte Sellerieknollen sowie 2 geschälte und kleingeschnittene Äpfel. Für die Marinade werden folgende Zutaten benötigt: 3 Eigelb, 5 Eßlöffel Speiseöl, 2 Eßlöffel saure Sahne und 3 Eßlöffel Speise-Essig, gewiegte Petersilie, Salz, Pfeffer und eine Prise Zucker. Die Sellerieknollen und Äpfel werden in gleichmäßige kleine Stücke geschnitten, die man dann mit der gut gemixten Marinade vermischt und einige Zeit durchziehen läßt. Zum Schluß mit gehackter Petersilie bestreuen.

Gemüse im Bierteig

Gekochtes Gemüse, z.B. Blumenkohl, Mohrrüben, Champignons, werden in den Bierteig getaucht und in reichlich Fett frittiert.
Für den Teig benötigt man 100 g Mehl, 150 ml Bier, 1 Prise Salz, 2 Eigelb – das Eiweiß zu Eischnee geschlagen unter den Teig heben. Das frittierte Gemüse als Beilage reichen.

Glasierte Mohrrüben

750 g Mohrrüben, 2 Eßlöffel Zucker, Salz, 30 g Butter, 2 Eßlöffel Petersilie.

Die vorbereiteten, in Streifen geschnittenen Mohrrüben in leicht gebräunten Zucker geben und unter vorsichtigem Schwenken in der Pfanne glasieren. Mit wenig siedendem Wasser ablöschen. Salz und Butter zugeben, die Möhren zugedeckt gar dünsten und vor dem Auftragen mit frischer, gehackter Petersilie bestreuen.

Sehr appetitlich zu kurzgebratenem Fleisch.

Gedünstete Birnen

700 g Birnen (groß und saftig müssen sie sein), Majoran, 50 g Butter, 1 Eßlöffel Zucker, Zitronensaft, 1 Prise Salz und Pfeffer werden benötigt.

Die Birnen waschen, schälen, halbieren, aushöhlen und über Dampf halb weich garen. Die Birnenhälften in eine Kasserolle geben, mit Majoran leicht bestäuben, Butter und Zucker zugeben und bis zum Anbräunen dünsten. Gegen Ende der Garzeit mit Zitronensaft beträufeln und nach Belieben salzen und pfeffern.

Püree von grünen Erbsen

Etwa 750 g grüne Erbsen (12 Stunden in kaltem Wasser quellen lassen), Salz, 3/4 Liter Wasser, 80 g Speck, 2 Zwiebeln.

Die Erbsen in dem leicht gesalzenen, siedenden Wasser garen. Durch ein Sieb streichen oder mit dem elektrischen Handrührgerät zerkleinern. Den Speck in Würfelchen schneiden und darin die Zwiebelringe braten. Das Erbspüree mit wenig Majoran abschmecken und z.B. zum Eisbein mit Sauerkraut anrichten.

Möhrentopf mit weißen Bohnen

150 g Rauchfleisch, 2,5 Liter Wasser, 200 g weiße Bohnen, 600 g Möhren, Salz, 1 Teelöffel Majoran, 1 Eßlöffel Mehl werden benötigt. Das Rauchfleisch in 1/2 Liter Wasser kochen, nachdem die verlesenen weißen Bohnen in dem übrigen Wasser mehrere Stunden eingeweicht wurden. Die zerkleinerten Möhren in die siedende Rauchfleischbrühe geben und zugedeckt gar dünsten lassen. Die Bohnen in dem leicht gesalzenen Einweichwasser gesondert gar kochen, dabei den Majoran zugeben. Das herausgenommene Fleisch kleinschneiden, alle Zutaten zusammenschütten und mit dem kalt angerührten Mehl binden.

Stangenspargel

1 kg Spargel waschen, unterhalb des Kopfes dünn, nach unten zu dicker schälen. Holzige Teile am unteren Ende entfernen. Wasser, Salz und Zucker zusammen aufwallen lassen und den Spargel darin garen. Grüner Spargel braucht nicht geschält zu werden.
Variante: Den gegarten Spargel auf eine heiße Platte geben, mit zerlassener, gebräunter Butter begießen und mit etwas geriebener Muskatnuß bestäuben.

Stangenspargel überbacken: Spargel wie oben beschrieben garen. Zusätzlich benötigt man 125 g Reibekäse und 50 g Butter. In einer gefetteten feuerfesten Form verteilt man 50 g Reibekäse, den abgetropften Spargel legt man darauf, dann den übrigen Käse darübergeben. Mit Butterflöckchen belegt wird er dann bei Mittelhitze solange überbacken, bis er goldgelb ist.

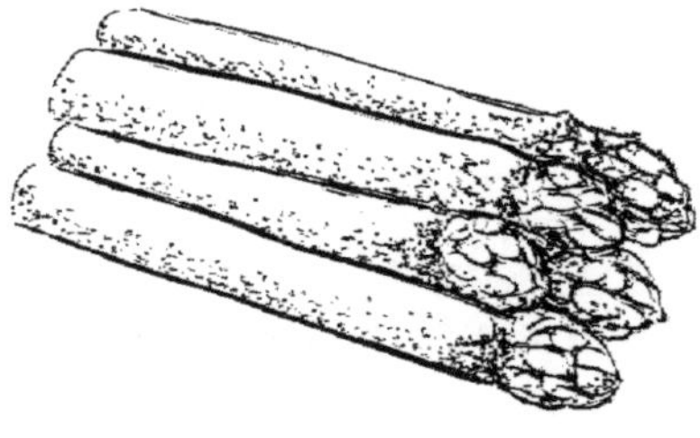

Milchkartoffeln

dazu paßt gebratene, geräucherte Lungenwurst

Kartoffeln werden in Milch oder Buttermilch mit 1 bis 2 Lorbeerblättern und 3 Pimentkörnern gegart. Die Kartoffeln dann grob stampfen, gewürzt wird mit Salz und Butter. – Eine andere Variante: Speck fein würfeln und ausbraten, darin kleingeschnittene Zwiebeln andünsten und alles unter die gestampften Kartoffeln heben. Aus dem Fett eine helle Einbrenne bereiten, mit Milch ablöschen, würzen und über die Kartoffeln füllen.

Sellerie-Kartoffel-Brei

8 heiße Pellkartoffeln, 1 kleiner garer Sellerie, 1/2 Liter Milch, 2 Eßlöffel Butter, Salz. Die gepellten Kartoffeln stampfen, mit geraspeltem Sellerie, heißer Milch, Butter und Salz verrühren. Nach Belieben mit frischen Kräutern garnieren.

Pilzkartoffeln

1 kg Mischpilze, 120 g Butter, 1 Eßlöffel Mehl, 1/2 Liter Pilzbrühe, Salz, Pfeffer, 1 kg Pellkartoffeln, Zitronensaft, 1 Eigelb und 2 Eßlöffel gehackte Petersilie werden benötigt.

80 g Butter zerlassen, die geputzten, geschnittenen Pilze dazugeben und 15 Minuten dünsten lassen. Aus dem Rest der Butter und dem Mehl eine helle Schwitze bereiten, mit der Pilzbrühe glattrühren und auffüllen, durchkochen lassen, salzen und pfeffern. Die in Scheiben geschnittenen Kartoffeln und vorgedünsteten Pilze zugeben und durchziehen lassen. Mit Zitronensaft abschmecken, das verquirlte Eigelb hinzufügen und mit Petersilie bestreuen.

Riesenschirmpilz

Ein Pilz, der in der Freester Gegend gern gesammelt und zubereitet wird. Jung ist er ein geschätzter, wohlschmeckender zartfleischiger Pilz. Er verträgt sich gut in Mischungen mit Champignons und Bovisten. Die Hüte sind als Schnitzel gebraten ein Leckerbissen. Alt sind sie zäh und trocken. Die faserigen Stiele können nur getrocknet zu recht gutem Pilzpulver vermahlen werden.

Sau- oder Puffbohnen

Man verwendet nur junge, noch nicht ausgewachsene Bohnen und rechnet für 4 Personen etwa 4 bis 5 Pfund.
Nachdem die Bohnen ausgeschotet sind, kommen die Schalen in den Abfall. Sind kleine Ansätze vorhanden, die an der Bohne anhaften, werden diese leicht mit dem Daumennagel zur Seite gedrückt und dabei entfernt. Die Bohnen kommen dann in siedendes Salzwasser zum Garen und danach in ein Sieb zum Abtropfen.
Zwischenzeitlich werden 100 g geräucherter Schinkenspeck feinwürflig geschnitten und in einer vorgeheizten Pfanne richtig gut ausgebraten. Dann gibt man ein Stück Butter dazu und bereitet mit 2 Eßlöffeln Mehl eine helle Einbrenne. Danach löscht man diese mit kochendem Wasser ab und gibt zuletzt feingehackte Petersilie dazu, nach Belieben auch Bohnenkraut, schmeckt mit Salz und Pfeffer ab und gibt die abgetropften Bohnen hinein in die Sauce.

Eine andere Variante als Gemüsebeilage:
Die abgekochten Bohnen werden in einer Speck-Zwiebel-Fett-Zubereitung gedünstet, mit Salz und Pfeffer abgeschmeckt und mit Petersilie bestreut serviert. – Auch ganz besonders appetitlich: Butter schmelzen lassen und darin geschnittene Zwiebeln andünsten, die Bohnen darin 5 bis 10 Minuten schmoren lassen. Mit Pfeffer und Salz würzen und mit Petersilie bestreuen.

Obst-Gemüse-Topf

mit Huhn oder Hähnchen

Es werden folgende Zutaten benötigt:
1 küchenfertiges frisches Huhn oder Hähnchen, 2 Bund geputztes und kleingeschnittenes Suppengrün (frische Möhren, kleine Sellerieknolle mit Laub, zarter Porree), 500 g frische Champignons (ersatzweise auch Konserve), 1 kleine Ananas geschält und kleingewürfelt (ersatzweise auch Konserve), 300 g frische, gepellte grüne Erbsen (ersatzweise auch Konserve).

Das Geflügel, zerteilt und leicht gesalzen, und das zerkleinerte Suppengrün werden in einen Bratentopf gegeben, darauf werden die Pilze, die Ananas und die Erbsen verteilt. Wird nur frisches Obst und Gemüse verwendet, gibt man 1/2 bis 3/4 Liter Gemüsebrühe darüber und läßt alles bei Mittelhitze 50 Minuten im Backofen garen. Den Sud ein paar mal über das Geflügel gießen, bis das Fleisch Farbe angenommen hat, dann alles gut umrühren und weiter garen lassen. Serviert wird dieses Gericht mit einem frischen, knusprigen Bauernbrot, dazu paßt als Nachtisch ein fruchtiger Obstsalat ausgezeichnet.

Tip: Das Gericht ist fettärmer, wenn man die Haut vom Geflügel entfernt. Werden Konserven verwendet, ersetzen der Ananassaft und der Erbsen- und Pilzfond die Gemüsebrühe.

Bohnen und Sauerkraut

Arme-Leute-Essen

Weiße Bohnen kocht man weich, das Sauerkraut ebenfalls, aber beides separat. Zwiebelringe in heißem Fett anbräunen. Wer mag und geräucherten Speck zur Hand hat, kann ihn auch mit ausbraten. Nun gibt man die Bohnen und das Sauerkraut dazu und verrührt alles gut miteinander – alles muß heiß serviert werden. Gewürzt wird mit Salz und etwas Zucker.

Bei diesem kräftigen »Gemüseduo« muß wohl unbedingt ein ordentlicher Kümmelschnaps gereicht werden!

Sauerkrautsuppe

100 g Schinkenwürfel anbraten, 1 Zwiebel kleingeschnitten dazugeben und mitdünsten lassen, dazu 2 Pimentkörner, 1-2 Wacholderbeeren und etwas Kümmel mit einer guten Portion Sauerkraut auffüllen und alles ordentlich durchschmoren lassen. Mit Gemüsebrühe ablöschen und dann mit kleinen, geräucherten Knackern die Suppe anreichern. Abgeschmeckt und gewürzt wird mit Salz und einer Prise Zucker.

Eingelegtes Sauerkraut
wie es in der Gegend um Barth zubereitet wurde

Weißkohlköpfe mit einer Brotmaschine in schmale Streifen schneiden. In einen großen Steintopf eine dicke Lage Kohl hineinlegen. Mit einer Handvoll Salz bestreuen, etwas Kümmel dazugeben. Man kann auch nach Belieben rohe Mohrrüben, geputzt und in Scheiben oder Stifte geschnippelt, verstreut dazumischen. Dann wird mit einem Stampfer das Kraut solange gestampft, bis es mürbe wird.

Danach erfolgt die zweite Schicht – und immer so weiter verfahren, immer wieder das Kraut gut stampfen. Die Prozedur solange wiederholen, bis der Topf voll ist. Zum Schluß legt man einen Teller auf den Kohl, der mit einem sauberen schweren Stein beschwert wird. Aufbewahrt wird das Kraut im Steintopf in einem nicht zu warmen Raum. Schaum, der auftritt, etwas entfernen, aber darauf achten, daß immer noch genügend Flüssigkeit das Kraut bedeckt, sonst wird es schlecht.

Nach etwa 3 Wochen kann man es dann nach Wunsch und Verlangen roh oder gekocht essen. Am besten dann im kühlen Keller aufbewahren und immer schön mit dem Teller und dem Stein beschweren.

Eingelegte Kenzer Salzgurken
im Steintopf – der Klassiker

Weil diese Gurken so ausgezeichnet würzig schmecken und so knackig sind, werden sie heute noch immer selbst eingelegt. Kleine Einlegegurken oder nach Bedarf auch größere gut putzen und bürsten und über Nacht ins kalte Wasserbad legen. Dann mit einer Nadel die Gurken 1 bis 2 mal anstechen. Der Boden eines größeren Steintopfes wird mit reichlich Dill (gut ausgereift), Meerrettich, Meerrettichblättern und Wurzeln ausgelegt. Dann kommen die Gurken gut geschichtet ganz in den Topf – möglichst so stapeln, daß man viele hinein bekommt. Als Abschluß legt man noch einmal Dill, Meerrettichblätter, Süß- und Sauerkirschblätter obenauf. Kaltes Wasser mit reichlich Salz verrühren (etwa 1 Pfund auf 10 Liter), alles über die Gurken gießen und sie genau so wie beim Sauerkraut beschweren. Die Gurken müssen auch stets mit Flüssigkeit bedeckt sein.

Bei Bedarf kann auch Knoblauch dazugegeben werden. Ein Tip: Bei Zugabe einer Scheibe Brot (dunkel) säuert es schneller. Zunächst die Gurken etwas warm stellen (Küche), danach wieder in einen kalten Raum. Nach etwa einer Woche schmecken die Salzgurken bereits vorzüglich.

Stettiner Gurkensalat

Jahrhundertrezept

Es werden 2,5 kg grüne Gurken und 5 mittlere Zwiebeln benötigt, weiterhin 2 Tassen Wasser, 1 Tasse 10 %-iger Essig, 1,5 Tassen Zucker, 1/2 Teelöffel Curry, 2 Teelöffel Senfkörner, 1 Teelöffel Dillsamen, etwas Pfeffer und Paprikapulver.

Die geschälten Gurken und Zwiebeln werden in Scheiben geschnitten und mit 2 Eßlöffeln Salz gut vermischt – 4 bis 5 Stunden durchziehen lassen.

Aus 2 Tassen Wasser, 1 Tasse Essig, 1,5 Tassen Zucker, 1/2 Teelöffel Curry, 2 Teelöffeln Senfkörner, 1 Teelöffel Dillsamen, etwas Pfeffer und Paprikapulver eine Marinade kochen.

Das Gurken-Zwiebelgemisch fest ausdrücken und in die Marinade geben, gut vermengen und nochmals aufkochen lassen, sofort in Gläser füllen und zublitzen oder einwecken.

Gewürzgurken – Pommersche Art

Es wird die gewünschte Menge Gurken geschält, in Scheiben geschnitten und gesalzen (siehe Stettiner Gurkensalat). Man läßt sie 24 Stunden stehen. Die Gurken auf ein Sieb geben, abtropfen lassen, dann kocht man sie in einem Teil Wasser und einem Teil 10 % -igem Essig solange, bis sie klar sind. Nicht zu weichgekocht, legt man sie dann mit Dill, Nelkenpfeffer (Piment), in Scheiben geschnittenen Zwiebeln, Meerrettich und Senfkörnern in einen Topf ein und übergießt sie mit 1 Liter heißem Weinessig, der zwischenzeitlich mit 500 g Zucker aufgekocht wurde. Sie können im Kühlschrank lagern.

Äpfel und Zwiebeln

eine Essig-Tunke

Aus einem süß-sauren geschälten Boskop-Apfel und einer gepellten Zwiebel kleine Würfel schneiden und mit 1 Eßlöffel Zucker bestreuen, dann einige Stunden ruhen lassen, bis sich Saft bildet. Dann die Mischung mit Essigwasser auffüllen und nochmals etwas durchziehen lassen.

Der süß-saure Apfel-Zwiebel-Dipp wird zu einem frischen Bauernbrot mit einer »Vorpommer'schen hausgemachten Landleberwurst« serviert – eine deftige kleine Mahlzeit.

Selleriesalat süß-sauer

Menge individuell wählen. Sellerieknolle schälen, in Stücke zerschneiden und daraus kleine mundgerechte Scheibchen schnippeln, die dann in leichtem Salzwasser gegart werden. Nach dem Garen den Sud abgießen, den Sellerie in eine Salatschüssel geben, kleingeschnittene Zwiebeln, Zitronensaft oder auch ersatzweise etwas Essig untermischen und mit Zucker und Salz den Salat abschmecken, zuletzt etwas Öl und saure oder auch süße Sahne unterheben. Mit frischen Gartenkräutern wie Petersilie und Schnittlauch überstreuen.
Selleriesalat ist sehr pikant und gesund und paßt zu allen gebratenen und gesottenen Speisen.

Schwarzwurzelsalat

1 kg Schwarzwurzeln, 3 hartgekochte Eier, 4 Eßlöffel Salatöl, 2 Eßlöffel Speise-Essig, 1 Eßlöffel saure Sahne, Salz, Pfeffer, 1 Prise Zucker.

Die Schwarzwurzeln werden geputzt und gleich in mit Essig angesäuertes und mit etwas Mehl verrührtes kaltes Wasser geworfen, damit sie nicht schwarz werden. Als nächstes abspülen und in kochendem Salzwasser mit einer Prise Zucker gar kochen. Sowie die Schwarzwurzeln abgetropft sind, müssen sie gleich mit der inzwischen bereiteten Sauce umgeschwenkt werden und in ihr erkalten. Zur Sauce rührt man 3 harte Eigelb durch ein Sieb, gibt das Öl ganz allmählich unter stetem Rühren daran, fügt den Speise-Essig und die saure Sahne zu und schmeckt die Sauce mit Salz und Pfeffer ab. Der angerichtete Schwarzwurzelsalat kann mit etwas gehackter Petersilie bestreut werden.

Knoblauchzehen
eingelegt in Rotwein

Folgende Zutaten in einen Topf geben, zum Kochen bringen und 3 Minuten kochen lassen – heiß mit Knoblauchzehen in Gläser füllen und fest verschrauben.

1 Teelöffel	Pimentkörner
1 Teelöffel	Pfefferkörner
1 Teelöffel	Senfkörner
1 Stück	Lorbeerblatt
1 kleine rote	Peperoni
1 Stück	Ingwerwurzel
2 Eßlöffel	Zucker
1/2 Teelöffel	Salz
1/8 Liter	Wein- oder auch Kräuteressig
1/8 Liter	Rotwein

In diesem Sud eingelegte Knoblauchzehen sind sehr würzig und pikant zu gegrillten und gebratenen Steaks.

Pflaumen in Essig

eine delikat-fruchtige Beilage

1 kg frische, feste blaue Pflaumen, 1/4 Liter Essig, 250 g Zucker, 1 Teelöffel Nelken und etwas Zimtrinde werden benötigt. Die Pflaumen waschen und mit einem Geschirrtuch abtrocknen.

1/4 Liter Wasser mit Essig, Zucker und den Gewürzen aufkochen, abkühlen lassen und über die Pflaumen gießen. Bis zum nächsten Tag stehen lassen. Dann den Sirup abschöpfen, nochmals aufkochen lassen und wieder kochend über die Pflaumen gießen.

Diesen Vorgang 2 bis 3 mal wiederholen, die Pflaumen immer wieder mit kochendem Sirup übergießen.

Dann die Pflaumen mit dem Saft in Gläser füllen, so daß sie völlig bedeckt sind, fest verschließen und für den Winter aufbewahren. Sie schmecken ausgezeichnet zu kalten Platten, aber auch hervorragend zum Schmorbraten.

Preiselbeeren im Steintopf

vorzüglich zu Fleischspeisen

1 kg Preiselbeeren, 300 g Zucker, 350 g Birnen oder Äpfel werden benötigt.
Die Preiselbeeren verlesen, waschen und abtropfen lassen. Den Zucker mit 1/8 Liter Wasser unter ständigem Rühren zu dickem Sirup kochen. Die Preiselbeeren in den heißen Sirup geben und unter weiterem Rühren noch etwa 15 Minuten kochen lassen. Birnen oder Äpfel waschen, schälen, vierteln, von den Kerngehäusen befreien, zu den Preiselbeeren geben und alles zusammen noch etwa weitere 30 Minuten kochen lassen, bis die Preiselbeeren und das Obst durchsichtig werden. Die heißen Preiselbeeren in Steingutgefäße oder Gläser füllen. Die Steingutgefäße mit den Preiselbeeren nach Belieben in die vorgewärmte Backröhre stellen und bei großer Flamme die Oberfläche verkrusten lassen. Die abgekühlten Gefäße mit den Preiselbeeren mit Pergamentpapier oder Zellophan verschließen und zubinden. Im Kühlen aufbewahren.

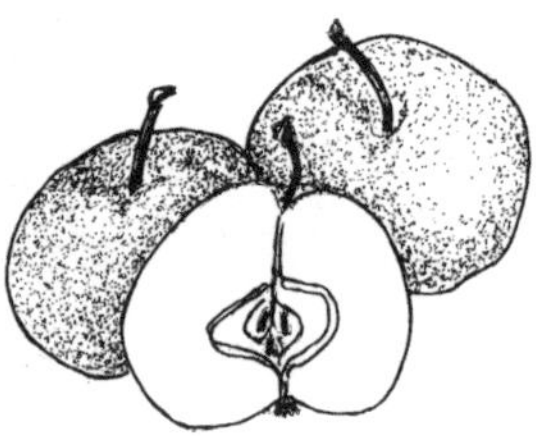

Tomaten-Chutney

Zutaten:

1 kg rote und grüne Tomaten
1 große Zwiebel
1 großer Apfel
1 Knoblauchzehe
280 ml Weinessig
1 Teelöffel Senfkörner
1 Teelöffel Pfefferkörner
1 Teelöffel Ingwerpulver
2 Nelken
90 g Rosinen
1/2 Teelöffel Salz
300 g Zucker

Tomaten abbrühen, enthäuten und vierteln. Zwiebel und Apfel (ohne Gehäuse) grob zerschneiden, Knoblauch pellen und alles in einen Topf schütten und mit 140 ml Weinessig köcheln lassen, bis alles weichgekocht ist. Den restlichen Essig nach und nach zugießen. Übrige Zutaten zugeben und bei kleiner Flamme solange köcheln, bis die Masse dicklich ist (wie bei Konfitüre). In warme Gläser heiß abfüllen und sorgfältig zubinden oder in Gläser mit Schraubverschluß füllen und fest zudrehen.

Rumtopf

Mai	Reife Erdbeeren	sorgfältig waschen und halbieren, auf 500 g Erd-beeren 500 g Zucker
Juni	Süße Kirschen Himbeeren	waschen und entkernen, auch bei der zweiten Frucht: 500 g Zucker auf 500 g Fruchtgewicht. Bei der 3. Frucht auf 500 g Fruchtgewicht nur 375 g Zucker nehmen.
Juli	Schattenmorellen Johannisbeeren Aprikosen und Pfirsiche	nur waschen waschen und abstreifen halbieren, entsteinen und enthäuten. Jetzt bei allen folgenden Früchten auf 500 g Gewicht nur etwa 300 g Zucker verwenden. Zwischendurch mit einem Silberlöffel oder Edelstahllöffel die Früchte einmal umrühren (niemals mit einer Holzkelle).

August	Reife Reneclauden und Mirabellen	halbieren und entsteinen
September	Saftige Birnen Pflaumen und Zwetschgen	schälen, zerschneiden ohne Kerngehäuse – Frucht mehrfach mit einer Rouladennadel einstechen.
Oktober	Frische Ananas	schälen und in Stücke schneiden
November	Apfelsinen, Mandarinen, Bananen	schälen und in Stücke schneiden

Die Früchte werden mit hochprozentigem Rum angesetzt, er muß etwa fingerbreit über den Früchten stehen. Nach jedem »Zuwachs« muß der Topf mit Pergamentpapier oder Cellophan und einem Gummiring möglichst dicht verschlossen werden.

4 Wochen nach Zugabe der letzten Früchte noch etwas 54prozentigen Rum auffüllen, weil die Früchte inzwischen viel aufgesogen haben. Den Rumtopf kühl und trocken stellen und laufend konrollieren.

Die Rumtopffrüchte sind eine wahre Leckerei, ob als Kompott genossen oder als Beilage zum Eis oder zu Puddingvariationen; für Kinder sind sie aber ungeeignet.

Obstwein

hauseigene Zubereitung

Für die Hausweinbereitung gut ausgereifte, vollkommen einwandfreie Früchte von Kernen, Stielen, Blättern usw. befreien, sehr gründlich waschen und gegebenenfalls zerkleinern. Den Saft durch Auspressen oder Dampfentsaften gewinnen. Aufgelockerte Preßrückstände lassen sich mit wenig Wasser vermischt nochmals auspressen. Der Saft aus dem Dampfentsafter hat etwa 10 bis 20 % Kondenswasser aufgenommen. Diese Menge muß beim Ansatz und auch bei der späteren Wasserzugabe berücksichtigt werden. Als Gäransatz zunächst ein Päckchen Weinhefe genau nach Anweisung mit einer kleinen Menge Fruchtsaft vermischen und bei 25 °C 24 bis 36 Stunden stehen lassen. Danach durch ein Sieb zur gesamten Saftmenge geben. Gleichzeitig die Hälfte des Zuckers in etwas Wasser aufgelöst hinzufügen. Für Dessertwein zunächst nur ein Drittel Zucker verwenden, das zweite Drittel – ebenfalls in etwas Wasser oder Fruchtsaft gelöst – bei Beginn der Gärung hinzugeben. Den Gärballon mit einem Wattebausch verschließen.

Das Gefäß darf nur 3/4 voll gefüllt sein, weil es sonst bei der nun folgenden »stürmischen« Gärung überlaufen würde.

Sobald die Schaumbildung zurückgeht, beginnt die »ruhige« Gärung. Der Weinansatz muß nun mit reinem Wasser auf die vorgesehene Litermenge ergänzt und der restliche Zucker zugefügt werden. Das Gärgefäß für Wein muß der vorgesehenen Flüssigkeits-Menge entsprechen. Für 5 Liter Wein darf deshalb kein 10 Liter Weinballon genommen werden. Der Gärballon soll etwa bis zum unteren Rand des Flaschenhalses gefüllt sein. Er wird mit einem in der Mitte durchbohrten Kork verschlossen. In die Öffnung kommt das Gärröhrchen, ringsum ist eine Abdichtmasse für Gärverschlüsse gut anzudrücken. Das Gärröhrchen muß bis zur Hälfte der kugelförmigen Erweiterung mit Wasser gefüllt werden, darf aber nicht in die Flüssigkeit des Gärballons hinein ragen. Die Gärung dauert je nach Art des Getränkes 4 bis 8, mitunter auch 12 Wochen bei einer Durchschnittstemperatur von 20 bis 25 °C.

Der ausgegorene Wein wird mit Hilfe eines Schlauches in ein anderes Gefäß »abgezogen« – der Bodensatz bleibt zurück – und sofort wieder mit dem luftdichten Gärverschluß versehen. Das Abziehen ist nach 6 bis 8 Wochen zu wiederholen. Je nach Sorte muß der Wein dann entweder nochmals 4 bis 6 Wochen stehen oder er kann sofort in Flaschen gefüllt werden. Die Korken werden mit kochendem Wasser weich gemacht und mit einer Stöpselmaschine in die Flaschenöffnungen getrieben.

Weintabelle

Mengenverhältnis
für 5 Liter Weinansatz

Früchte u. Weinhefe	Zucker in Gramm	Früchte in Gramm	Wasser in Liter	Zitronensäure je g saure oder	süße Früchte	Alkoholgehalt
Äpfel						
Moselweinhefe	500	3 000	3,0	5	10	10
Rheinweinhefe	750	3 500	2,5	5	10	10
Rotweinhefe	850	3 500	2,5	5	10	10
Dessertweinhefe	1 650	4 000	1,8	5	10	12-14
Johannisbeeren						
Moselweinhefe	500	2 500	2,9	-	-	10
Rheinweinhefe	750	3 000	2,5	-	-	10
Rotweinhefe	850	3 500	2,5	-	-	8
Dessertweinhefe	1 650	3 500	1,7	-	-	12-14
Sauerkirschen						
Moselweinhefe	500	2 500	3,2	-	-	10
Rheinweinhefe	750	2 500	3,0	-	-	10
Rotweinhefe	750	3 000	3,0	-	-	8
Dessertweinhefe	1 650	3 000	2,2	-	-	12-14
Stachelbeeren						
Moselweinhefe	500	3 000	2,8	-	-	10
Rheinweinhefe	750	3 000	2,8	-	-	10
Rotweinhefe	850	3 000	2,8	-	-	8
Dessertweinhefe	1 650	3 500	1,9	-	-	12-14

Speisen, Leckereien und Getränke

Inhalt Seite

Inhalt Seite

Zitronencrème mit Schlagsahne

Einen Sahnepudding kochen mit 2 Tassen Wasser, Saft und etwas Abrieb von 2 großen unbehandelten Zitronen und 1 Tasse Zucker. Danach 3 Eigelb und 125 g Butter darunterrühren. Den steifgeschlagenen Eischnee (mit einer Prise Salz) von 2 Eiweiß unter den abgekühlten Pudding heben, in Gläser füllen und mit geschlagener Sahne auffüllen. Diese Kombination eignet sich auch ausgezeichnet als schneller Tortenbodenbelag.

Feine Zitronencrème

4 Teelöffel Gelatine, 6 Eier, 200 g Zucker, 1 Päckchen Vanillezucker und 2 Zitronen werden benötigt.
Die Gelatine mit 1/8 Liter kaltem Wasser übergießen, mit wenig siedendem Wasser verrühren. Die Eiweiß zu steifem Schnee schlagen und unter Rühren löffelweise Zucker und Vanillezucker zugeben. Danach die Eigelb, geriebene Zitronenschale und Zitronensaft zugeben. Nach und nach die aufgelöste Gelatine zugießen, weiter schlagen. Die fertig geschlagene Masse in angefeuchtete und mit Zucker bestreute Schälchen gießen. Gut gekühlt servieren.

Heidelbeer-Eierkuchen

1/2 Liter Milch, 2 Eier, 200 g Mehl, 1 Prise Salz, nach Belieben etwas Zucker, Speiseöl, 300 g Heidelbeeren, 60 g Zucker. Die Zutaten für den Eierkuchenteig gut verquirlen. In einer Pfanne Speiseöl erhitzen, 1 Kelle Eierkuchenteig hineingeben und von einer Seite backen. Auf die noch flüssige Oberseite gezuckerte Beeren geben und etwas eindrücken. Wenn die Unterseite goldgelb gebacken ist, wenden und von der anderen Seite fertig backen. Mit Puderzucker bestäuben und mit 2 Eßlöffeln gezuckerten frischen Heidelbeeren anrichten und servieren.

Holunderspeise mit Äpfeln

500 g Holunderbeeren, 1 Stück Zitronenschale (unbehandelt), 5 große Äpfel, 2,5 Eßlöffel Kartoffelmehl, 4 Eßlöffel Zucker und der Saft von 1/2 Zitrone werden benötigt.
In reichlich 1 Liter Wasser die reifen Holunderbeeren mit Zitronenschale weichkochen und durch ein Haarsieb rühren. Die Apfelschalen in Stücke schneiden und kurz im Holundersaft kochen. In kaltem Wasser angerührtes Kartoffelmehl zugeben, aufwallen lassen, süßen und mit Zitronensaft abschmecken. In einer Schüssel erkalten lassen.

Brombeergelee

1 Liter Brombeersaft, 1/2 Liter Saft unreifer Äpfel, 1,5 kg Zucker. Die Säfte mischen, 10 Minuten kochen, nach und nach Zucker zugeben und ruhig weiter wallen lassen, dabei abschäumen. Nach gelungener Gelierprobe in ausgespülte Gläser füllen, erkalten lassen und luftdicht zubinden. Benutzt man Gläser mit Schraubverschluß, Gelee heiß einfüllen und sofort fest zudrehen.

Eingezuckerte Himbeeren

500 g Himbeeren und 5 Eßlöffel Zucker werden benötigt.
Die abgetropften Himbeeren mit dem Zucker mischen und 1 Stunde saften lassen.
Die gezuckerten Himbeeren als Kompott oder mit gekühlter Milch, Sauermilch oder Joghurt übergossen, sind als Nachspeise eine Erfrischung. Sie eignen sich weiterhin als Füllung für Eierkuchen und Omeletts, und sehr empfehlenswert ist die Variante, sie unter sehr steifgeschlagenen Eischnee zu heben.

Der süße Grießbrei
galt früher auch als Sättigungsbeilage

1/2 Liter Milch, 125 g Grieß, 2 Eier, 1 Prise Salz, 1 Eßlöffel Butter und 2 Eßlöffel Zucker werden benötigt. Man kocht einen Brei von Grieß, Butter, Zucker, Milch und Salz, dann verrührt man ihn noch heiß mit den Eiern. Zum Grießbrei kann man Kompott nach Wahl reichen, ganz besonders schmeckt Sauerkirschkompott dazu, aber auch Semmel-Butter-Brösel über den Grießbrei gegeben ist eine leckere Variante.
In der Usedomer Gegend wurde der Grießbrei früher unter anderem auch zu einer deftigen Hühnerbrühe gereicht. Nach Bedarf hat sich jeder von dem süßen Brei mit einem Löffel seine Portion abgestochen.

Schlehengelee

Schlehensaft (siehe S. 192) zum Kochen bringen, später Zucker zugeben, weiterkochen lassen, dabei abschäumen. Wenn die Gelierprobe gelingt, das Gelee in kleine Gläser füllen und nach dem Erkalten zubinden. Auf 1/2 Liter Saft rechnet man 250 bis 375 g Zucker, bei pektinarmen Früchten 450 bis 500 g Zucker.

Birnen mit Streuseln

überbackene Nachspeise

4 große saftige Birnen (auch Äpfel und Pflaumen eignen sich) schälen, vierteln, Gehäuse entfernen und in Scheiben schneiden. Das Obst wird dann in eine Pfanne mit erhitzter Butter und leicht karamelisiertem Zucker gegeben. Nach dem Schmoren kommt ein Schuß Birnen- oder Apfelkorn hinzu – dann alles etwas reduziert einkochen lassen. Für die Streuseln: Am Vortag gekochte, salzlose Kartoffeln grob zerdrücken, dazu 1 Eßlöffel Zucker, etwas Zimt und Butterstückchen geben und mit Mehl und etwas Backpulver zu Streuseln kneten. Nach Gefühl die Menge wählen – es werden so etwa 1/3 Kartoffeln benötigt, im Verhältnis zu den übrigen Zutaten. Birnen in eine Auflaufform geben, Streusel obenauf und bei 180 ° C etwa 20 Minuten backen lassen.

Oma Lenis »Gretchen in Not«

Eine mit Butter ausgestrichene Form belegt man dicht mit Zwieback; 3/4 Liter Milch, 6 Eier, 1 gestrichener Teelöffel Salz, Zitronenschalenabrieb, etwas Vanillemark und Zucker nach Geschmack werden gut durchgerührt über den Zwieback gegeben. Die Form stellt man in einen heißen Ofen bei Mittelhitze. Ist die Masse steif geworden, gießt man die andere Hälfte der Flüssigkeit darüber und läßt auch diesen Teil steif werden. Zum Schluß mit heißer zerlassener Butter beträufeln und mit Puderzucker bestäuben.

Zitronengrieß

1 Zitrone, 4 Eßlöffel Grieß und 8 Eßlöffel Zucker werden benötigt. Zitrone schälen und achteln, mit 1 Glas Wasser übergießen und etwa 30 Minuten kochen lassen. Mit der Kochflüssigkeit durch ein Sieb streichen, bis zu 1/2 Liter mit Wasser auffüllen, aufkochen lassen und vom Feuer nehmen. Den Grieß langsam dazuschütten und alles gut verrühren. Auf kleiner Flamme unter ständigem Rühren kurz aufkochen. Wenn die Masse dick wird, vom Feuer nehmen, in eine Schüssel gießen, dann schnell den Zucker unterschlagen, bis die Masse steif ist. Gut gekühlt servieren!

Frucht-Schokoladenspieß

Äpfel, Apfelsinen, Birnen, Bananen, Erdbeeren – Früchte nach Angebot werden gewaschen, getrocknet und in mundgerechte Stücke geschnitten, auf einen Holzspieß gesteckt und in ein Zartbitterschokoladen-Glasurbad getaucht – auf einem Abtropfrost etwas antrocknen lassen und auf einer Glasplatte nett anrichten und servieren.
Sehr appetitlich und dekorativ sind in Schokolade getauchte Erdbeeren mit der grünen Blätterblume, die auch als Hilfe zum Festhalten beim Schokoladen-Tauchgang dienen kann. Beim Anrichten auch ein paar rote Früchte dazwischen garnieren.

Brombeeren mit Quark-Sahne

500 g Brombeeren, 2 Eßlöffel Likör von schwarzen Johannisbeeren, 100 g Quark, 2 Eßlöffel süße Sahne, Saft von 1/2 Zitrone und 1 Eßlöffel Zucker werden benötigt. Die Früchte mit Likör beträufeln. Aus Quark, Sahne, Zitronensaft und Zucker die Quark-Sahne bereiten und mit den Früchten mischen.

Heißwecken in Milch

»Heitwecken in Melk«

Eine Pommersche Fastnacht-Leckerei mit Tradition.
Man benötigt dazu 500 g Mehl, 125 g Margarine, 60 g Zucker, 2 Eier, 1/4 Liter Milch, 125 g Korinthen, 1 Prise Salz und 40 g Hefe.
Den gut durchgekneteten, festen Teig in 7 bis 8 Stücke schneiden, aus denen Bälle geformt werden. Diese läßt man dann auf einem gefetteten Backblech verteilt, an einem warmen Ort aufgehen, bestreicht sie mit lauwarmem Wasser und bäckt sie bei gleichmäßiger Mittelhitze im Backofen hellbraun.
Nach dem Abkühlen schneidet man einen kegelförmigen Deckel aus und füllt in die Öffnung ein Stückchen Butter, etwas Zucker und Zimt, legt den Deckel wieder darauf und läßt die Wecken im Ofen nochmals heiß werden. Sie werden so mit heißer Milch zu Tisch gebracht.

Quarkplinsen

250 g Quark, 4 Eier, 5 Eßlöffel Zucker, 250 g Mehl, 1 Päckchen Vanillezucker, 1/2 Päckchen Backpulver, 1 Prise Salz gut verrühren und mit einem Eßlöffel kleine Häufchen auf die heiße, gebutterte Bratpfanne drücken.
Nach dem Ausbacken mit Zucker bestreuen. Quarkplinsen sind schnell zubereitet und eignen sich besonders gut zum Kaffee. Heiße Quarkplinsen mit einer Kugel Eis serviert, ist auch eine leckere Nachspeise der besonderen Art.

Waffeln mit saurer Sahne

250 g Mehl, 6 Eier (trennen, vom Eiklar einen steifen Eischnee zubereiten), 1/4 Teelöffel Zitronenabrieb (von einer unbehandelten Zitrone), 1/4 Liter saure Sahne, 2 Eßlöffel gemahlene Nüsse, 1 Prise Salz, 2 Eßlöffel brauner Sirup, 2-3 Eßlöffel Rum und 1 Päckchen Vanillezucker werden benötigt. Alle Zutaten werden gut verrührt, der Teig sollte blasig sein, er wird dann sofort abgebacken und mit Puderzucker bestäubt.
Eine andere Belag-Variante: Frische Schlagsahne und gezuckerte Blaubeeren obenauf.

Schwarzbrotauflauf

150 g zerbröseltes, körniges Schwarzbrot ohne Rinde, 100 ml Portwein, 4 Eier, 5 Eßlöffel Butter, 8 Eßlöffel Puderzucker, 4 Eßlöffel Kakao, 3 Eßlöffel Rosinen, je 1 Messerspitze Zimt und gemahlene Gewürznelke, 2 Eßlöffel Semmelbrösel und Butter für die Form werden benötigt. Brotkrümel mit dem Wein mischen und 10 Minuten quellen lassen. Eier trennen und die Eigelb mit der Butter und 5 Eßlöffeln Zucker cremig rühren. Kakao, die Gewürze und das Schwarzbrot dazugeben und gut vermischen. Das Eiweiß mit 3 Eßlöffeln Zucker steifschlagen und vorsichtig unter die Masse heben. Eine Auflaufform buttern, mit Semmelbrösel ausstreuen, die Mischung einfüllen und 30-40 Minuten bei 180 °C überbacken.

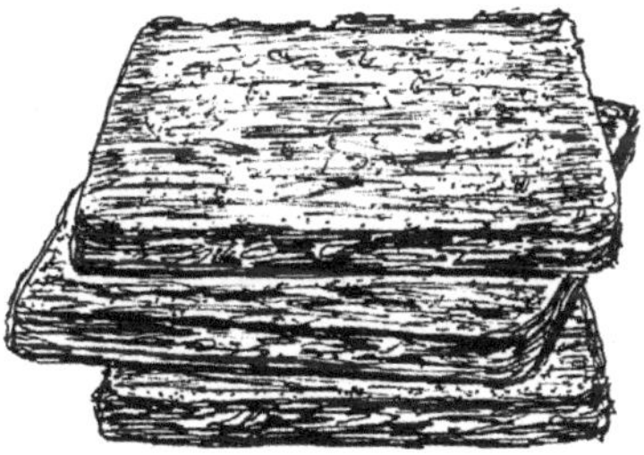

Gelee aus saurer Milch
und Sahne mit Früchten der Saison

1/3 Liter saure Milch, 1/8 Liter Sahne, 80 g Puderzucker, 1 Päckchen Vanillezucker und 20 g Gelatine werden benötigt.
Die Milch sorgfältig mit der Sahne verquirlen, mit Zucker abschmecken, Vanillezucker und aufgelöste Gelatine hinzufügen, in eine Glasschüssel oder ein Kompottschälchen gießen und kalt stellen. Während des Erstarrens Früchte nach Angebot wie zum Beispiel Erdbeeren, Himbeeren, Blaubeeren oder Mandarinen zugeben.

Gebackene Holunderblüten

Die großen Dolden des Holunders oder des schwarzen Flieders teilt man in 2-3 Teile, spült sie mehrmals in kaltem Wasser ab und legt sie auf ein Tuch zum Abtrocknen. Danach macht man eine Klare (Ausbackteig) aus 1/4 Liter Sahne, 50 g Butter, 125 g Mehl und 3 Eiern. Alles gut verrühren! Danach taucht man eine Dolde nach der anderen hinein und backt sie mit den Blüten nach unten in heißem Rinderfett oder Butter hellgelb. Man richtet sie gehäuft mit den Stielen nach oben in der Schüssel an und bestreut sie mit Zucker.

Gebackene Kirschen

Recht große, saftige Kirschen mit Stielen werden gewaschen und getrocknet und in Bündchen von 8 bis 10 Stück zusammengebunden. Die Bündel taucht man einzeln in Klare (Ausbackteig), der wie folgt zubereitet wird: 1 Glas Weißwein, 30 g zerlassene Butter und 30 g Zucker werden zusammen heißgemacht, dann werden 100 g Mehl dazugetan und der Teig auf dem Feuer abgebrannt (den Wein reduzieren lassen). Nachdem der Teig abgekühlt ist, wird er mit 3 ganzen Eiern weichgerührt. Die in Teig getauchten Kirschen backt man in heißer Butter gelb. Sie werden mit Zucker und Zimt bestreut. Pro Person rechnet man mit 2 Bündchen.

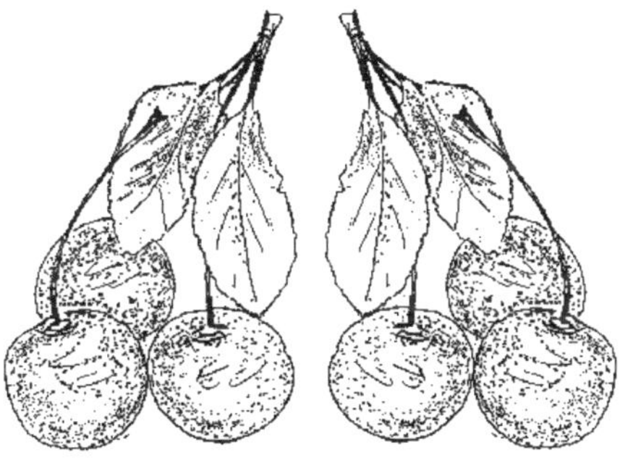

Kirschen mit Quark-Sahne

ein festlicher Nachtisch

Für 6 Personen werden folgende Zutaten benötigt:
500 g Sauerkirschen, frisch oder abgetropft aus dem Glas, 1 Eigelb, 1 Glas Weinbrand, 125 g Zucker, 250 g Sahne-Quark, 1 Päckchen Gelatine, Saft 1/2 Zitrone, 2 Eischnee, 1/8 Liter Schlagsahne.

Kirschen vorbereiten, in Schälchen oder Weingläser füllen. Eigelb, Weinbrand, Zucker und Quark zu Crème schlagen. Gelatine einweichen, Eischnee und Schlagsahne getrennt steifschlagen und jeweils kalt stellen.

Gelatine nach Vorschrift, jedoch mit wenig Wasser oder Frucht- und Zitronensaft, im Wasserbad vollständig auflösen, unter die Quarkcreme geben, zügig die geschlagene Sahne und den steifen Eischnee unterheben und auf die Früchte geben.

Beerenmix mit Quark-Sahne

250 g Beerenmix (Erdbeeren, Himbeeren, schwarze, rote und gelbe Johannisbeeren, Brombeeren und Blaubeeren), 2 Gläschen Likör nach Wahl, Zitronensaft, 250 g Quark, 2 Eßlöffel Zucker und 3 Eßlöffel Sahne werden benötigt.
Die Beeren waschen und abtropfen lassen. Einige schöne Beeren zurückbehalten. Restliche Beeren fein zerdrücken und mit Quark, Sahne, Likör schaumig rühren. Mit Zitronensaft abschmecken, in Portionsschälchen geben und mit den zurückbehaltenen, auserlesenen Früchten garnieren.

Äpfel oder Birnen in Vanillesauce

400 g Birnen oder Äpfel, Puderzucker, Zitrone, 1/4 Liter Vanillesauce und 30 g Rosinen werden benötigt.
Die Äpfel oder Birnen waschen, schälen, entkernen und in Streifen schneiden oder grob hobeln, mit Zucker und Zitronensaft abschmecken. Das zerkleinerte Obst in Glasschüsseln anrichten und mit Vanillesauce übergießen. Mit Rosinen bestreuen. Eine andere Variante wäre es, das geraspelte Obst und die Rosinen mit dem Zucker und einer Messerspitze Zimt in zerlassener Butter gar zu dünsten und darüber die Vanillesauce zu servieren.

Schlehensaft

2 kg Schlehen und 450 g Zucker werden benötigt. Die gewaschenen Früchte in ein emailliertes Gefäß füllen und mit 3 Liter kochendem Wasser übergießen, 1 Tag ziehen lassen. Den Saft abgießen, wieder zum Sieden bringen, ein zweites Mal über die Schlehen gießen und wieder über Nacht ziehen lassen. Dieses noch ein drittes Mal wiederholen. Den abgegossenen Saft süßen, 10 Minuten kochen, dabei abschäumen und in Flaschen füllen, die sofort mit Gummikappen verschlossen werden.
Zu Süßspeisen, aber auch heiß mit Rotwein, Nelken, Zimt und Zucker zu Schlehenpunsch zubereitet, ein Genuß!
Tip: Die Schlehen sollten vor der Ernte den ersten Frost haben. Werden sie in frostfreier Zeit geerntet, sollten sie vor dem Verarbeiten in das Gefrierfach.

Schlehenlikör

500 g Schlehen (siehe Tip bei Schlehensaft), 100 g Zucker und 1/2 Liter Weinbrand werden benötigt.
Eine größere Flasche zu dreiviertel mit Früchten füllen, Zucker zugeben und mit Alkohol auffüllen. Einige Wochen ziehen lassen, filtrieren und in eine kleinere Flasche umfüllen. Erst noch eine Weile ruhen lassen und dann verwenden.

Eierlikör

1 Flasche Prima Sprit, 18 Eier, 750 g Puderzucker, 3 Zitronen, 3 Päckchen Vanillezucker und 3 bis 4 Flaschen Kondensmilch werden benötigt. Für die angegebene Menge sollte man mehrere Mix-Vorgänge vornehmen.
Dafür benötigt man pro Mix-Vorgang (6 an der Zahl):
3 Eier, 125 g Sprit, 125 g Zucker, Saft von einer 1/2 Zitrone und 1/2 Päckchen Vanillezucker.
Alle Zutaten, bis auf die Kaffeesahne, gut mit dem Mixer verrühren. Die Kaffeesahne dann zum Schluß anteilig hinzufügen, abfüllen.

Honigpunsch

1 Teeglas Honig, etwas Zimt, 6 Nelken, 1 Liter schwarzer Tee, der Saft von 2 Orangen, 1 Zitrone und 1 Schnapsgläschen Rum werden benötigt.
Den Honig auflösen, die gemahlenen Nelken und den Zimt mit einem Glas kochenden Wasser überbrühen, durch ein Leinentuch gießen und den Honig zufügen. In den vorbereiteten kochend heißen Tee den gewürzten Honig, den Orangensaft sowie den Rum geben. Heiß mit je einer Zitronenscheibe in Gläser füllen und servieren.

Cherry Brandy

Es werden benötigt: 2,5 kg Sauerkirschen, 2,5 kg Süßkirschen, 500 g Gartenerdbeeren, 500 g Walderdbeeren, 1 Liter Primasprit, 100 g Zucker und 2 g Koriander.
Das Obst auspressen, entsaften und 1 Liter davon mit Primasprit, Zucker und Koriander vermischen. 1 Monat stehen lassen und dann in Flaschen füllen.
Je länger er steht, desto stärker und besser wird der Cherry Brandy munden!

Warmes Bier

1 Flasche Hellbier, 4 Eigelb, 3 Eßlöffel Zucker und etwas Zimt werden benötigt.
Die Eigelb mit dem Zucker schaumig schlagen. Das Bier mit Zimt aufkochen und kochend langsam zu der Eigelbmasse geben. Mit dem Schneebesen oder mit dem Mixer langsam weiterschlagen. Heiß servieren!

Erdbeerbowle mit Sekt

1 kg Erdbeeren vierteln und mit 100 g Zucker in ein Bowlegefäß geben, 100 g Ahornsirup, je 1/8 Liter weißen Rum und Walderdbeerlikör darübergießen, etwa für 1 Stunde kalt stellen. Mit 2 Flaschen trockenem Sekt auffüllen. Mit Minzeblättchen bestreuen.

Erdbeerbowle mit Rotwein

1 kg Erdbeeren, 1 gewaschene, in Scheiben geschnittene Orange und 150 g Zucker mit 1 Flasche Rotwein ansetzen. 1 bis 2 Stunden ziehen lassen. 2 Flaschen Rotwein und 1/2 Liter Mineralwasser hinzufügen und kalt stellen.

Melonenbowle

1 kleine Melone, 4 gestrichene Eßlöffel Zucker oder Sirup, 3 Likörgläser Weinbrand, 3 Flaschen Weißwein und 1 Flasche Selters werden benötigt.
Die Melone vierteln, schälen, Kerne herausschaben, in kleine Würfel schneiden und mit Zucker, Weinbrand und 1/2 Flasche Weißwein ansetzen. Zugedeckt 30 Minuten kalt stellen. Mit Weißwein und Selters auffüllen und kalt servieren.

Maibowle

Siehe Erdbeerbowle mit Sekt; statt der Erdbeeren und des Walderdbeerlikörs wird ein Bund Waldmeister genommen, den man nicht abwäscht, sondern nur abspült.

Ausgebackene Apfelringe

mit Zimt und Zucker

3 Eier, 30 g Puderzucker, 150 ml Sahne, 150 g Mehl, 1 Prise Salz, 4 Äpfel, Fett zum Ausbraten, 2 Eßlöffel Zucker und 1 Eßlöffel Zimt werden benötigt.
Die Eier trennen. Das Eigelb mit dem Zucker schaumig rühren, Sahne zufügen. Das Eiweiß steifschlagen und unter den Teig heben. Vorsichtig das gesiebte Mehl einarbeiten. Mit einer Prise Salz würzen. Die Äpfel schälen, das Kerngehäuse entfernen und in Ringe schneiden.
In einer Pfanne reichlich Fett erhitzen. Die Apfelringe mit einer Gabel in den Teig tauchen und im Fett schwimmend ausbacken. Anschließend auf einen Rost oder einen Teller mit Küchenpapier zum Abtropfen legen. Zimt und Zucker mischen und über die noch warmen Apfelkringel streuen. Wer möchte, serviert zusätzlich mit Vanilleeis und Schlagsahne.

Aprikosenquark-Soufflé

3 Eier, 3 Eßlöffel Zucker, 250 g Sahnequark, 3 Eßlöffel Aprikosenkonfitüre (durch Erwärmen wieder verflüssigt) werden benötigt.
Die Eier trennen. Die Eiweiß mit 1 Eßlöffel Zucker sehr steif schlagen. Die Eigelb mit dem Quark vermischen, dann den restlichen Zucker und die warme Aprikosenkonfitüre unterziehen. Eine Auflaufform mit Butter ausstreichen, die Quarkmasse einfüllen und glattstreichen. Den Eischnee locker darüber verteilen. Die Auflaufform in den auf 200 °C vorgeheizten Backofen schieben und 15-20 Minuten backen. Wenn der Eischnee eine goldbraune Farbe hat, das Soufflé aus dem Ofen ziehen. Noch warm servieren!

Gebackene Bananen

Man schält 1 Dutzend Bananen und legt sie 1 Stunde in Orangensirup, den man aus 50 g Zucker und dem Saft 1 Orange gekocht hat. Dann läßt man sie abtropfen, paniert sie in Ei und gestoßenem Biskuit und backt sie in Butter in einer Pfanne goldgelb. Man serviert sie heiß, bestreut sie mit Orangenzucker und reicht warme Pfirsichmarmelade dazu.

Quarkauflauf
mit Rum-Rosinen

4 Eier, 1 Prise Salz, 60 g Butter, 5 Eßlöffel Puderzucker, 1 Eßlöffel Vanillezucker, 300 g Sahnequark, 5 Eßlöffel Rosinen (über Nacht in Rum eingelegt), 1 Teelöffel Backpulver, Butter und Semmelbrösel für die Form, 3 Eßlöffel Semmelbrösel werden benötigt.

Die Eier trennen. Das Eiweiß sehr steif schlagen. Die Eigelb mit Butter, Puder- und Vanillezucker cremig rühren. Den Quark, die Rosinen und das Backpulver unterrühren.

Den Eischnee vorsichtig unterheben, alles in eine gebutterte Form füllen. Die restlichen Semmelbrösel darüberstreuen. Den Backofen auf 180 °C vorheizen, den Auflauf 45 bis 50 Minuten backen.

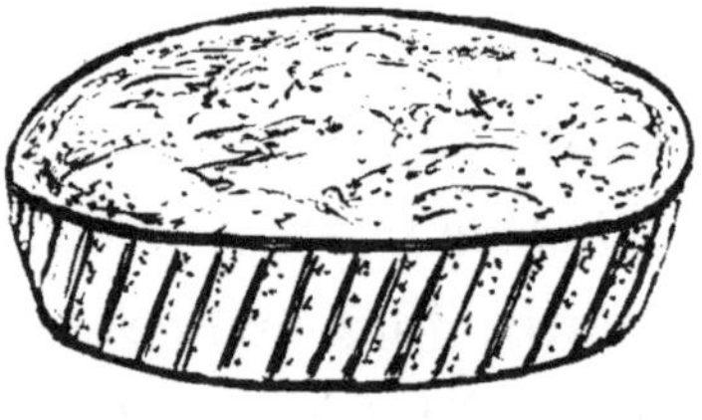

Holunder-Buttermilch-Crème
mit saurer Sahne

100 ml Holunderbeersaft, 100 g saure Sahne, 200 ml Buttermilch, 3 Eßlöffel Zucker, Saft einer halben Zitrone, 1 cl Rum, 4 Blatt weiße Gelatine, 1 Becher Sahne (200 g), geraspelte Blockschokolade werden benötigt.

Holunderbeersaft, saure Sahne und Buttermilch mit Zucker verrühren, bis sich dieser gelöst hat. Zitronensaft und Rum zugeben. Gelatine nach Packungsanweisung einweichen, ausdrücken, auflösen und vorsichtig unterrühren. Sahne steifschlagen. Sobald die Crème anfängt zu gelieren, dreiviertel der Sahne unterheben. Crème in Schälchen füllen und ca. 3 Stunden kalt stellen. Crème mit restlicher Sahne und Schokoladenraspeln garniert servieren.

Rhabarber-Pfannkuchen

500 g Rhabarber, 90 g Mehl, 450 ml Milch, 1 Prise Salz, 1 Päckchen Vanillezucker, 2 cl Rum, 6 Eier, etwas Butter und Zucker werden benötigt.
Geschälten Rhabarber in Scheiben schneiden. Aus Mehl, Milch, Salz, Vanillezucker, Rum und Eiern einen Teig zubereiten.
In einer Pfanne Butter erhitzen, etwas Teig hineingeben und bei milder Hitze anbacken. Etwas von den Rhabarberstücken auf dem Teig verteilen, weiterbacken, bis die Unterseite goldgelb ist. Wenden und die andere Seite goldgelb backen. Die Pfannkuchen mit Zucker bestreuen und heiß servieren.

Eine andere Variante:
Man schneidet 500 g geschälte Äpfel in Würfel, läßt sie 1 bis 2 Stunden mit Zucker, Zitronensaft sowie etwas Zitronenabrieb stehen und beträufelt sie mit 1 Gläschen Rum. Man nimmt sie dann heraus, mengt sie unter den Eierkuchenteig und backt die Apfelpfannkuchen in heißer Butter in der Pfanne goldbraun.

Kuchen, Gebäck
Naschereien

Inhalt Seite

Inhalt Seite

Inhalt	Seite

Feine Schokoladen-Rum-Kugeln

Für dieses leckere Konfekt benötigt man für etwa 25 bis 30 Stück:
75 g Rosinen, 2 oder auch 3 Eßlöffel Rum, 1 Tafel (etwa 100 bis 120 g) Blockschokolade, 100 g Puderzucker, 50 g Kokosfett sowie 1 Packung Schokoladenstreusel, die zum Wälzen der Schokoladenkugeln benötigt werden.

Die Rosinen feinhacken, in eine Schale geben und mit dem Rum übergießen – eine Stunde ruhen lassen, damit der Rum in die Früchte einziehen kann. Dann die Schokolade feinreiben und mit dem Puderzucker vermischen.

Das Kokosfett wird in einem Topf geschmolzen, dann den Topf vom Herd nehmen und Löffel für Löffel die Schokoladenzucker-Mischung unterrühren. Wenn die Masse beginnt fest zu werden, kommen die Rum-Rosinen dazu, alles ordentlich durchkneten und mit einem Teelöffel kleine Portionen abstechen, daraus etwa walnußgroße Kugeln formen und diese in Schokostreuseln wälzen.

Alternativ zu den Schokostreuseln kann man auch eine Zimt-Puderzucker- oder Kakao-Puderzucker-Mischung zubereiten und die Schokokugeln darin wälzen.

Sahne-Trüffel

Man benötigt: 200 g Kakao, 400 g Puderzucker, 50 g Butter, 1/8 l süße Sahne, 1 Päckchen Vanillezucker, 2 Eßlöffel Rum und 1 Tafel dunkle Blockschokolade.

Zuerst werden der Kakao und der Puderzucker gut vermischt, dann wird die süße Sahne untergerührt, zuletzt kommen die erwärmte Butter, der Vanillezucker und der Rum dazu. Alles gut durchkneten, dann die Masse etwas ruhen lassen. Inzwischen die Blockschokolade raspeln, mit der dann die Kugeln ummantelt werden.

Ist die Schokoladenmasse fest geworden, mit einem Teelöffel kleine Portionen abstechen, daraus etwa walnußgroße Kugeln formen und diese in Schokoladenraspeln wälzen.

Schokoladenkugeln

150 g geriebene Nüsse werden mit 3 bis 4 Löffeln Honig, dem Saft und dem Abrieb einer unbehandelten Apfelsine und 1 Eßlöffel Rum dick verkocht.

Aus der Masse werden Kugeln geformt, die in geriebener Schokolade gewälzt werden.

Sahnebonbons

Oma Ruthchens süße Weihnachtsüberraschung

Für die Kinder waren diese Bonbons schon um 1900 in Spandowerhagen (bei Greifswald) eine besondere Leckerei, da sie nur zur Weihnachtszeit als süße Überraschung zubereitet wurden. Oma Ruth naschte diese Sahnebonbons selbst als Kind mit Vorliebe. Sie hat das Rezept von ihrer Mutter übernommen und dafür gesorgt, daß es von Generation zu Generation für Kinder und Enkelkinder bis heute wohlgehütet weitergereicht wurde.

Die Zutaten für dieses Jahrhundertrezept: 1/2 Liter Milch, 500 g Zucker, 1 Eßlöffel Butter, 1 Päckchen Vanillezucker. Die Milch wird mit dem Zucker unter ständigem Rühren gekocht, bis die Masse eine goldbraune Farbe angenommen hat, dann gibt man die Butter dazu. Die zähflüssige Masse füllt man auf eine geölte, flache Platte (evtl. Marmorplatte) und streicht sie in gewünschter Höhe glatt über die Fläche. Mit einem Messer wird die Bonbonmasse in gleich große Stücke (Längs- und Querstreifen, so daß mundgerechte Stücke entstehen) aufgeteilt. Nach dem Erkalten lassen sich die Bonbons dann leicht auseinander brechen, Schleckerkatzen können dann losnaschen.

Honigbonbons

ein Jahrhundertrezept von Elkes Tante Fischer

Man benötigt für diese süße Kleinigkeit:
Zucker und Bienenhonig – im Verhältnis der gewünschten Menge nimmt man etwa 2/3 Zucker und 1/3 Honig.
Zuerst schmilzt man den Zucker in einem Topf oder in einer Pfanne und gibt dann den Honig dazu. Unter ständigem Rühren erhitzt man die Masse solange, bis sie klar ist. Dann etwas abkühlen lassen. Inzwischen auf einem Teller reichlich Zucker verteilen und mit einem Teelöffel da hinein kleine Vertiefungen drücken. Dort wird jetzt portionsweise die flüssige Honig-Zucker-Masse eingefüllt. Nun etwas warten, bis die Bonbons fest sind – dann aus dem Zucker nehmen.
Der lose Zucker haftet dann an den Honigbonbons, das sieht sehr appetitlich und einladend aus für kleine Naschkatzen, und die meinen alle ... »Hmm, die sind lecker!«
Für die Kinder ist es ein Erlebnis und Spaß, Bonbons selber zubereiten zu können. Unbedingt einmal zusammen ausprobieren!
Die Zucker-Honigmasse eignet sich auch sehr gut zum Kandieren von Äpfeln oder Apfelspalten.

Pralinen

à la Tante Agnes – Originalrezept (1935)

4 Eßlöffel Kakao, 2 Tassen Zucker, 9 Eßlöffel Milch. Alle Zutaten 2 Minuten kochen lassen, dann 1/2 Fläschchen Rum-Aroma darunterrühren und mit 1/2 Pfund Haferflocken vermischen. Zum Schluß wird 1 Stück Butter darunter verknetet. Nun die Pralinen formen und anrichten – guten Appetit!!!

Zimtplätzchen

150 g Mehl, 1 Teelöffel Backpulver, 1/2 Teelöffel Zimt, 100 g Zucker, 1 Päckchen Vanillezucker, 100 g Butter, 1 Ei, 1 Eßlöffel Weinbrand, 1 Spritzer Zitronenaroma.
Die Butter mit Zucker, Vanillezucker und 1 Ei schaumig schlagen, das Mehl mit dem Backpulver und Zimt gut mischen und mit der Buttermasse zum Teig verrühren. Nun dünn ausrollen, Plätzchen ausstechen und bei Mittelhitze goldgelb abbacken.

Weiße Pfeffernüsse

à la Tante Agnes – Originalrezept (1935)

4 Pfund Mehl, 4 Pfund Zucker, 1 Pfund Butter, 16 Eier, 2 Päckchen Vanillezucker, 350 g feingehackte süße Mandeln, 2 Zitronen – Abrieb und Saft – und etwas Hirschhornsalz.

Alles gut zu einem Teig verrühren, den Teig ausrollen und Plätzchen ausstechen. Die Plätzchen auf das Backblech geben und bei Mittelhitze goldgelb backen.

Braune Pfeffernüsse

à la Tante Agnes – Originalrezept (1935)

4 Pfund Mehl, 1,5 Pfund Sirup, 1/4 Liter süße Sahne, 2 Pfund Zucker, 1/2 Pfund Butter, 1/2 Pfund Schmalz, 40 g Pottasche (in etwas Milch oder Wasser auflösen) und 2 Zitronen (Saft und Abrieb) werden zu einem Teig verrührt und gut verknetet. Der Teig sollte vor dem Abbacken ruhen und kühl stehen.

Den Teig ausrollen, Plätzchen ausstechen und im vorgeheizten Backofen bei Mittelhitze backen.

Windbeutel

Grundrezept Brandteigmasse: 1/8 Liter Wasser, 100 g Margarine, Salz, 200 g Mehl, 4 bis 5 Eier.
In einem Topf Wasser, Salz und Margarine aufkochen, das gesiebte Mehl dazuschütten und auf kleiner Flamme solange rühren, bis sich die Masse vom Topfboden löst und sich ein Kloß bildet. Topf vom Herd nehmen und nach leichter Abkühlung zunächst ein Ei recht schnell unterschlagen. Erst wenn es vom Teig vollkommen aufgenommen worden ist, nacheinander die übrigen Eier unterrühren. Die Masse muß glatt und geschmeidig sein, bevor sie verarbeitet wird.
Für die Windbeutel die Brandmasse nun in einen Spritzbeutel mit großer Tülle füllen und in nicht zu knappen Abständen Häufchen von etwa 4 cm Durchmesser auf ein leicht gefettetes, bemehltes Backblech spritzen.
Bei Mittelhitze etwa 20 Minuten goldgelb backen, auf dem Blech erkalten lassen und von jedem Windbeutel einen kleinen Deckel abschneiden. Die unteren Teile süß oder herzhaft füllen, die Deckel aufsetzen. Süß gefüllte Windbeutel mit Puderzucker bestäuben oder eine Schokoladenglasur darüberziehen.
Süße Füllungen: Schlagsahne mit Himbeeren, Blaubeeren oder auch mit Rumtopffrüchten.
Herzhafte Füllungen: Käsecrème, Frikassee oder Ragout.

Liebesknochen – Eclair

Grundrezept Brandteigmasse, siehe Windbeutel.
Auf ein leicht gefettetes und bemehltes Backblech werden mit dem Spritzbeutel mit breiter Tülle in nicht zu knappen Abständen 10 cm lange, geschwungene Streifen gesetzt.
Bei starker Mittelhitze (200 °C) werden die Eclairs 20 Minuten goldgelb gebacken. Auf dem Blech erkalten lassen und von jedem Eclair im oberen Drittel über die gesamte Länge einen Deckel abschneiden. Die Deckel mit Schokoladenglasur überziehen oder mit Puderzucker bestäuben. Die unteren Teile werden je nach Wunsch mit Schlagsahne, einer Vanille- oder Schokoladen-Puddingcrème oder auch einer Buttercrème gefüllt. Den Deckel wieder daraufsetzen. Nostalgisch, und sehr lecker.

Käsekugeln

Grundrezept Brandteigmasse, siehe Windbeutel – nur für die Käsekugeln werden dem Teig noch 40 g herzhafter geriebener Käse und 1/2 Teelöffel Paprika zugesetzt. Mit zwei Teelöffeln formt man kleine Kugeln und setzt diese auf ein leicht gefettetes, bemehltes Backblech und läßt sie bei Mittelhitze 10 bis 15 Minuten goldgelb backen.

Schokoladen-Mocca-Crème

1/8 Liter starken Kaffee, 70 g Zucker, 3/8 Liter Milch, 1 Eßlöffel Kakao, 1 Päckchen Schokoladen-Puddingpulver, 150 g Staubzucker, 175 g Butter und 50 g Kokosfett.
Kaffee, Zucker und 1/4 Liter Milch werden zusammen aufgekocht. In der übrigen Milch den Kakao zusammen mit dem Puddingpulver anrühren und in die siedende Flüssigkeit geben, dabei den gesiebten (125 g) Puderzucker zuschütten und gut rühren. Den verbliebenen Puderzucker auf die Puddingoberfläche sieben, dies verhindert die Hautbildung der Milch.
Die Puddingmasse völlig erkalten lassen und dann die schaumig geschlagene Butter mit dem Kokosfett löffelweise darunterrühren.

Buttercrème

1/2 Liter Milch, 125 g Staubzucker, Salz, 1 Päckchen Vanillepudding, 1 Päckchen Vanillezucker und 250 g Butter.

3/8 Liter Milch, 100 g Staubzucker und eine Prise Salz aufkochen. In der restlichen Milch Puddingpulver und Vanillezucker anrühren und in die siedende Flüssigkeit geben. Gut rühren, völlig abkühlen lassen, die restlichen 25 g Staubzucker auf die Puddingoberfläche sieben – verhindert die Hautbildung. Die Butter schaumig rühren und löffelweise unter die Puddingmasse heben.

Frankfurter Kranz

Grundrezept für den Biskuitteig:
200 g Zucker mit 4 Eiern schaumig schlagen, 4 Eßlöffel Wasser unterrühren und nach und nach 200 g Mehl dazugeben. In das letzte Mehl 1/2 Päckchen Backpulver mischen. Die 4 Eiweiß steifschlagen und vorsichtig unterheben. Den Teig in eine gefettete Springform geben und bei Mittelhitze etwa 15 bis 20 Minuten goldgelb backen. Günstig ist es, den Tortenboden einen Tag vor dem Füllen zu backen, so besitzt er schon mehr Festigkeit.

Für den Frankfurter Kranz:
Biskuitteig in einer Rührkuchenform backen (bzw. einen runden Einsatz in die Mitte der Springform legen). Vor dem Füllen die drei Platten schneiden. Süße gehackte Mandeln werden in Butter mit 2,5 Eßlöffeln Zucker geröstet. Die Kranzplatten mit etwas Weinbrand beträufeln, mit der Hälfte der Buttercrème füllen und mit 1/4 der Crème bestreichen. Von allen Seiten mit den gerösteten Mandeln bestreuen und obenauf mit Hilfe einer Spritztülle kleine Tortenkleckse aus der restlichen Crème setzen und mit kandierten Kirschen garnieren.

Biskuitmasse

Grundrezept

150 g Staubzucker, 6 Eier, 1/2 Teelöffel abgeriebene Zitronenschale, Salz, 100 g Weizenmehl, 50 g Stärkemehl, 1 Teelöffel Backpulver sowie etwas Staubzucker zum Bestäuben.

Den gesiebten Staubzucker unter allmählicher Zugabe von Eigelb, Zitronenschale und Salz mit dem Schneebesen solange schlagen, bis sich die Masse fast verdoppelt hat. Den steifen Eischnee daraufgeben, sofort Mehl und Backpulver darübersieben und alles locker unterheben.

Biskuitrolle,

gefüllt mit Konfitüre

Die Biskuitmasse, siehe Grundrezept, etwa 1 cm stark auf ein mit gefettetem Papier belegtes Blech streichen und bei Mittelhitze knapp 15 Minuten backen. Sofort auf ein mit einem sauberen Leinentuch belegtes Backbrett oder Backblech stürzen (für Ungeübte ist es günstig, wenn das Tuch zuvor mit Puderzucker bestreut wurde) und das Papier von der Biskuitplatte abziehen. Mit Konfitüre, nach Wunsch mit Weinbrand oder Rum und Mandelsplittern verrührt, bestreichen und vorsichtig, aber ohne Verzögerung, aufrollen.

Die Biskuitrolle mit Staubzucker besieben. – Wird die Rolle bald aufgebraucht, läßt sich die Konfitüre mit ein oder zwei zerdrückten Bananen vermengen.

Blaubeer-Sahne-Rolle

à la Vanille – eine besondere Leckerei

Vanille, gebürtige Norwegerin, hat einen Kuchen kreiert, der geschmacklich wie optisch ein festlicher Genuß ist. Nicht aus Vorpommern, aber als bewährtes und überaus beliebtes Backwerk, darf ich die Blaubeer-Sahne-Rolle mit freundlichen Empfehlungen von Vanille hier vorstellen.

Folgende Zutaten werden benötigt: 6 Eiweiß werden mit 300 g Zucker steif aufgeschlagen. Dann 100 g Mehl mit 3 Eßlöffeln Kakao, 100 g Haselnüssen (grob gehackt) und 75 g geraspelter, bitterer Blockschokolade vermischen und unter die Eiweißmasse rühren.

Für die Füllung werden benötigt: 1,5 Becher (300 g) Schlagsahne und 500 g frische Blaubeeren. Es eignen sich ebenfalls kleingeschnittene Ananas, Erdbeeren, Kirschen, schwarze Johannisbeeren u.a.!

Der Teig wird auf ein mit Backpapier ausgelegtes Blech gestrichen und auf mittlerer Schiene bei 175 °C etwa 15 bis 20 Minuten gebacken. Die abgebackene Platte auf dem Blech etwas abkühlen lassen und stürzen (siehe Grundrezept Biskuitboden). Die Sahne steif mit etwas Vanillezucker aufschlagen und auf die Kuchenplatte streichen. Die Blaubeeren darauf gleichmäßig verteilen und dann zügig aufrollen – fertig zum Servieren!

Erdbeertorte

Zutaten für den Boden:
9 Eßlöffel Öl, 9 Eßlöffel Mehl, 5 Eßlöffel Zucker, 3 Eier, 1/2 Teelöffel Backpulver, 1 Päckchen Vanillezucker.
Alle Zutaten werden gut verrührt, in eine gefettete Springform gefüllt und bei Mittelhitze etwa 25 Minuten abgebacken.

Zutaten für den Belag:
1 kg Erdbeeren waschen und halbieren, einige Früchte zum Garnieren beiseite stellen. Zwei Tassen Fruchtsaft mit 4 Eßlöffeln Zucker und 2 Päckchen Tortenguß aufkochen. In die abgekühlte Masse die Erdbeeren geben. 2 Becher Sahne schlagen, dabei 2 Päckchen Sahnesteif mit unterrühren und die Sahne dann wiederum in die Erdbeermasse hineinrühren, dann alles auf dem Tortenboden verteilen.

Zutaten für den Tortenguß: 1 Tasse Fruchtsaft, 1 Eßlöffel Zucker, 1 Päckchen roter Tortenguß.
Fruchtsaft mit Zucker und Tortenguß kochen und auf der Torte verteilen.
Mit halbierten Erdbeeren und kleinen Zitronenmelisseblättchen die Torte garnieren. Bis zum Servieren kühl stellen.

Schokoladentorte

Für den Boden werden benötigt: 125 g Butter, 150 g Zucker, 150 g Mehl, 3 Eigelb, 1/2 Päckchen Backpulver, 1/2 Teelöffel Natron, 1/8 Liter saure Sahne, 1 Eßlöffel Kakao.

Für den 1. Belag werden benötigt: 250 g Sahnequark, 1/2 Päckchen Vanillepuddingpulver, Saft und Abrieb 1/2 Zitrone (unbehandelt), 100 g Zucker, 125 g Kokosfett, Eischnee von 3 Eiweiß.

Für den 2. Belag: Eine rote Götterspeise zubereiten.
Für den Guß werden benötigt: 3 Eßlöffel Kakao, 1 Ei, 3 Eßlöffel Puderzucker, 150 g Kokosfett.
Den Teig wie gewohnt zubereiten und in einer Springform bei Mittelhitze abbacken. Abkühlen lassen, einmal durchschneiden.
Den Quark mit dem Pudding, Zitronensaft, Zitronenabrieb und dem Zucker verrühren, dann 125 g verflüssigtes Kokosfett unterrühren, zuletzt den steifgeschlagenen Eischnee darunterheben.
Die Quarkmasse kommt auf die erste Kuchenplatte (in der Springform arbeiten), auf die zweite Platte wird die ab-

gekühlte Götterspeise gestrichen – zum Schluß kommt darüber der Schokoladenguß. Die Torte wird kühl gestellt. Die Torte kann einen Tag vor dem Servieren gebacken werden.

Eine erweiterte Variante:
Auf die Götterspeise eine Schicht in Weinbrand getränkte Butterkekse geben und darauf den Schokoladenguß bringen.

Kartoffel-Quark-Torte

Für den Boden 150 g Zucker mit 2 Eigelb schaumig rühren, dazu 500 g am Tag zuvor gekochte, geriebene Kartoffeln, 500 g Magerquark, Saft und Abrieb einer unbehandelten Zitrone, 1 Päckchen Vanillezucker und 2 Teelöffel Backpulver geben – alles gut verrühren, bis der Teig schön eben ist, und dann zuletzt den Eischnee von 2 Eiern unterziehen. Der Teig wird in eine gefettete Tortenform gefüllt und eine Stunde bei 180 °C goldgelb gebacken. Wer möchte, kann den noch heißen Kuchen mit zerlassener klarer brauner Butter beträufeln und mit Puderzucker bestäuben.

Mürbeteig-Teestücke

200 g Mehl, 10 g Backpulver, 1 Eßlöffel Butter, saure Milch, 1 Prise Salz. Aus den Zutaten einen Mürbeteig bereiten. So viel saure Milch verwenden, daß ein fester Teig entsteht. Den Teig 1/2 Stunde ruhen lassen, dann dick ausrollen und Dreiecke daraus schneiden. Auf leicht bemehltem Blech bei guter Mittelhitze etwa 12 Minuten backen. Warm mit Butter bestrichen servieren.

Ausbackteig

Zutaten für einen universell einsetzbaren Ausbackteig für Obst wie zum Beispiel Bananen, Apfelscheiben und für Fischfilets jeder Art:
1/8 Liter Milch, 135 g Mehl, 2 Eier, eine Prise Salz.
Einen Teig zubereiten, die Früchte oder den Fisch (gewürzt mit Salz und Zitrone) darin wenden und im Ausbackfett frittieren.
Das Obst mit Puderzucker bestäubt servieren, den Backfisch zu Kartoffelsalat reichen.

Quark-Sahne-Kuchen

mit Aprikosen

Für den Boden: 2 Eier, 100 g Margarine, 100 g Zucker, 100 g Mehl, 1/2 Päckchen Backpulver und 1 Päckchen Vanillezucker sowie den Saft und Abrieb einer unbehandelten halben Zitrone.

Den Teig zubereiten, in eine gefettete Springform geben und bei Mittelhitze 20 Minuten backen lassen.

Zwischenzeitlich die Füllung zubereiten:

Aprikosen aus der Dose abtropfen lassen, 250 g Magerquark, 1 Becher saure Sahne und 1/2 Päckchen Vanillepuddingpulver gut crèmig verrühren. Die Füllung auf dem warmen vorgebackenen Teig verteilen und mit den Aprikosen belegen.

Nochmals für 10 Minuten bei Mittelhitze überbacken, danach mit zerlassener Butter überträufeln und leicht mit Puderzucker bestäuben.

Eine andere Variante: den Boden mit entsteinten und halbierten Pflaumen (mit der Schnittseite nach oben) belegen und mit Muskatstreuseln abbacken.

Für die Streuseln benötigt man: 200 g Mehl, 100 g Zucker, 150 g Butter und etwas von dem frischen Abrieb einer Muskatnuß.

Marzipankuchen vom Blech

Teig: 500 g Mehl, 1 Päckchen Backpulver, 250 g Zucker, 250 g Sahne, 4 Eigelb, 4 Eßlöffel Milch, 2 Eßlöffel Kakao.
Marzipan: 250 g Butter, 350 g Gries, 250 g Zucker, 4 Eiweiß, 1/2 Flasche Bittermandelöl.
Schokoladenguß: 250 g Kokosfett, 2 Tassen Puderzucker, 1 Tasse Kakaopulver, 2 Eier.
Der Teig wird gut durchgeknetet und auf das Backblech gegeben. Marzipan gut verrühren, zuletzt den Eischnee unterziehen und auf den Teig streichen. Alles wird bei guter Mittelhitze (150 bis 175 °C) gebacken.
Nach dem Backen auf dem ganz heißen Kuchen 1/2 Liter kalte Milch gleichmäßig verteilen. Den Schokoladenguß auf den erkalteten Kuchen auftragen.

Mohrenkuchen mit Rum

Zutaten: 200 g Butter, 150 bis 200 g Zucker, 4 Eier, 125 g Kartoffelmehl, 125 g Mehl, 3 gestrichene Eßlöffel Kakao, 2 gestrichene Teelöffel Backpulver, 3 Eßlöffel Rum.
Guß: 200 g Schokoladen-Fettglasur und zum Bestreuen Mandelblättchen.
Fett schaumig rühren und abwechselnd Zucker, Eier und das Gemisch aus Kartoffelmehl und Mehl, Kakao und Backpulver darunter rühren. Zuletzt den Rum unter den Teig mischen. Den Teig in eine mit Pergamentpapier ausgelegte Kastenform (große Form) füllen und backen. Den Kuchen in der Form auskühlen lassen, danach herausnehmen und das Papier ablösen. Dann den Kuchen mit der aufgelösten Fettglasur überziehen und mit Mandelblättchen bestreuen. Die Backzeit beträgt bei 175 °C etwa 50 Minuten.

Balle-Bällchen

125 g Butter, 175 g geriebene Schokolade, 1 Eßlöffel Kakao, 1 bis 2 Eßlöffel Rum, etwa 75 g Schokoladenstreusel werden benötigt.
Butter schaumig rühren, geriebene Schokolade, den Kakao und den Rum nach und nach dazugeben und sehr gut verrühren. Die Masse mehrere Stunden kalt stellen. Dann kleine Bällchen formen und mit Schokoladenstreuseln umhüllen, kühl aufbewahren.

Butter-Rum Kuchen

300 g Butter, 325 g Zucker, 6 Eigelb, 1,5 Eßlöffel Rum, 375 g Mehl, 1 Teelöffel Backpulver, 5 Eischnee werden benötigt.
Für das Häubchen: Eischnee von einem Eiweiß, etwas Zucker und etwas Zimt steifschlagen.
Alle Zutaten für den Teig nach und nach verarbeiten, den Eischnee zuletzt unterheben und bei Mittelhitze etwa 35 bis 40 Minuten abbacken. Dann das Eischnee-Häubchen daraufgeben und den Kuchen nochmals für 10 Minuten in den Ofen schieben. Je nach Beschaffenheit des Backofens kann die Backzeit auch kürzer ausfallen.

Knusperwaffeln mit Haferflocken

Zutaten für 4 Personen: 250 g zarte Haferflocken, 1/2 Liter Milch, 200 g weiche Butter, 4 Eßlöffel Zucker, 4 Eier, etwas gemahlener Zimt, 1 Prise Salz und Puderzucker zum Bestäuben.

Haferflocken mit Milch übergießen und über Nacht stehen lassen. Morgens mit allen anderen Zutaten verrühren, das Waffeleisen vorheizen, dann 2-3 Eßlöffel Teig in die Mitte geben und goldbraune Waffeln backen. Mit Puderzucker bestäuben.

Puddingkuchen

mit gerösteten Haferflocken

Einen flachen Tortenboden abbacken und einen Sahnepudding kochen, beides abkühlen lassen. Zwischenzeitlich in einer Pfanne Haferflocken mit Zucker leicht gebräunt anrösten, dann wenig Butter dazugeben und rühren. Nun den abgekühlten Pudding auf den Tortenboden streichen und darauf die gerösteten Haferflocken verteilen.

Rhabarberkuchen

auf dem Backblech gebacken

Für die Teigzubereitung benötigt man: 500 g Mehl, 1 Päckchen Backpulver, 175 g Margarine, 125 g Zucker, 1 Päckchen Vanillezucker, 1 Prise Salz, 2 Eier, 2-3 Eßlöffel Milch.

Alles gut mischen und zu einem glatten Teig verrühren, dann auf einem gefetteten Backblech verteilen.

Für den Belag wird 1 kg Rhabarber (eine rote Sorte) in Stücke geschnitten, darüber verteilt man 250 g Zucker und läßt über Nacht die Frucht saften.

Mit 3/8 Liter Saft und 1/16 Liter saurer Sahne wird ein Vanille-Puddingpulver angerührt, und daraus bereitet man einen Pudding. Unter die noch heiße Masse 50 g Butter sowie 3 Eier geben, kurz und kräftig durchrühren, dann auf den Teig bringen, die Masse glattstreichen. Zuletzt den abgetropften Rhabarber auf die Puddingmasse geben und bei Mittelhitze etwa 40 Minuten backen. Danach mit heißer goldgelber Butter beträufeln und mit gesiebtem Puderzucker bestreuen.

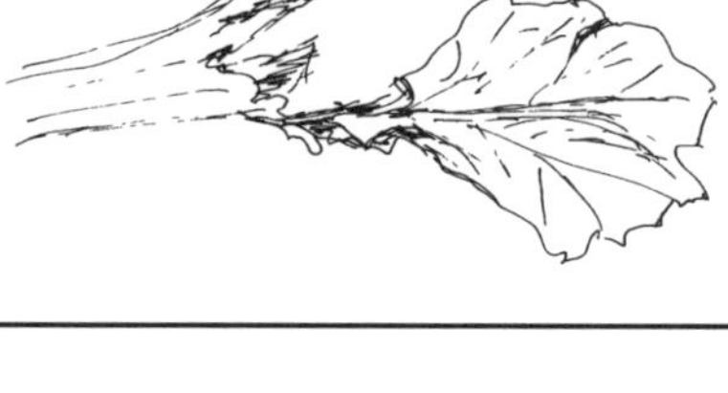

Napfkuchen

Ein bewährtes Jahrhundertrezept für einen Rührkuchen. Wer noch im Besitz einer alten Steingutbackform ist, sollte sie für dieses Rezept unbedingt nutzen, es gelingt noch einmal so gut darin.
Einen Rührteig von 250 g Butter, 2 Tassen Zucker, 3 Tassen Mehl, 5 Eiern, 1 Päckchen Backpulver, 1 Päckchen Vanillezucker, Saft und Abrieb einer unbehandelten Zitrone zubereiten. Den Teig 5 Minuten lang gut mit dem Mixer durchrühren, dann in eine gefettete Form füllen und 60 Minuten bei 180 °C goldgelb backen.

Pluderhosen

Aus 250 g Mehl, 3 Eßlöffeln Zucker, 2 Eiern, 1/2 Päckchen Backpulver und 1 bis 2 Eßlöffeln Milch einen Teig zubereiten, diesen nicht zu dünn ausrollen und in Form von Dreiecken und Rechtecken in beliebiger Größe schneiden. In einer hohen Pfanne reichlich gutes Pflanzenöl erhitzen, dann die Teigteilchen goldgelb darin ausbacken und noch heiß in Zucker oder Puderzucker wälzen. Ganz schnell zubereitet und ebenso schnell genüßlich vernascht!

Butter-Apfelkuchen

Für den Kuchen soviele Äpfel schälen, vierteln und entkernen, wie für den Belag benötigt werden. Die geviertelten Äpfel werden mit einem scharfen Messer fächerförmig leicht eingeschnitten und mit Zitronensaft beträufelt (verhindert die Braunfärbung).

Für den Teig: 125 g Butter, 125 g Zucker, 3 Eier, 1 Prise Salz, Saft und etwas Abrieb einer unbehandelten Zitrone, 200 g Mehl, 4 Eßlöffel Milch sowie 2 gestrichene Teelöffel Backpulver werden wie gewohnt nach und nach zu einem Teig verarbeitet, dann rührt man ihn 5 Minuten lang ordentlich durch, bis er schön eben ist. Den Teig dann in eine Springform geben, darauf im äußeren Kreis beginnend die geviertelten Äpfel anordnen. 35 bis 45 Minuten bei 180 °C backen. Noch heiß mit zerlassener klarer Butter beträufeln und mit Puderzucker bestäuben. Ein Genuß!

Kokosgebäck

Hierfür werden folgende Zutaten benötigt: 125 g Butter, 100 g Zucker, 1 Päckchen Vanillezucker, 1 Ei, 125 g Mehl, 75 g Weizenin, 3 gestrichene Teelöffel Backpulver, 100 g Kokosraspeln.

Butter, Zucker, Vanillezucker und das Ei werden schaumig gerührt. Mehl, Weizenin und Backpulver vermischt man sorgfältig und gibt die Mischung löffelweise zu der Ei-Butter-Zuckermasse. Zuletzt hebt man die Kokosraspeln unter den Teig, wenn nötig 1 bis 2 Eßlöffel Milch dazugeben. Auf ein gefettetes Backblech setzt man kleine Teighäufchen. Im vorgeheizten Backofen werden sie bei Mittelhitze in maximal 10 Minuten goldgelb gebacken.

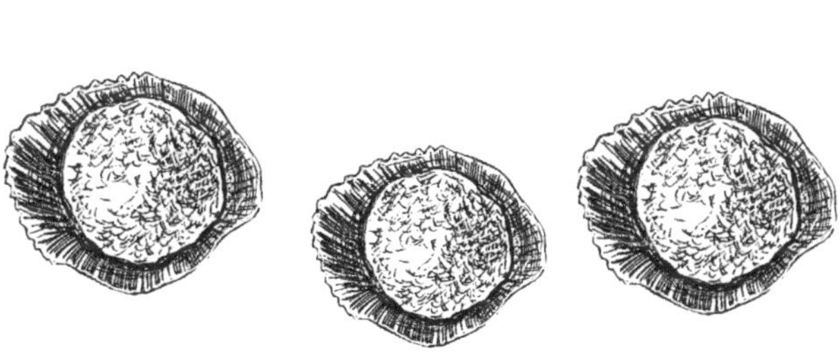

Quark-Streuselkuchen

in der Kastenform gebacken

Für die Streusel: 150 g Mehl, 75 g Zucker, 150 g weiche Butter und 1 Päckchen Vanillezucker werden zu Streuseln verrührt.

Die Hälfte der Streusel in die mit Backpapier ausgelegte Kastenform geben und 30 Minuten im vorgeheizten Backofen bei 180 °C vorbacken.

Für die Quarkfüllung: 500 g Magerquark, 75 g Zucker, 1 Ei, 1 Päckchen Vanillepudding, Saft und Abrieb einer unbehandelten Zitrone, 125 g Rosinen und 1 Eßlöffel Grieß.

Den Pudding mit 1/4 Liter Milch aufkochen, nach und nach alle anderen Zutaten unterrühren und alles noch einmal kurz aufkochen lassen, Topf vom Herd nehmen! Die Quarkfüllung auf die vorgebackenen Streusel geben und darauf nun die restlichen Streusel gleichmäßig verteilen und weitere 30 Minuten backen.

Ein genußvoller und kalorienarmer Kuchen, den alle lieben.

Je länger, je lieber ...

Für dieses Gebäck werden folgende Zutaten benötigt:
500 g Mehl, 170 g Butter oder feine Margarine, 170 g Schmalz, 170 g Zucker, 4 Eigelb.
Butter und Schmalz schaumig rühren, dann Eigelb und Zucker unterrühren und mit dem Mehl verkneten.
Aus dem Teig kleine Kugeln mit einer Vertiefung in der Mitte formen und auf ein mit Mehl bestäubtes Backblech setzten. Mit Eigelb bepinseln, mit gehackten Nüssen und Mandeln bestreuen und mit einem kleinen Konfitüreklecks nach eigener Wahl füllen.
Bei 180 °C etwa 15 bis 20 Minuten backen.

Pfefferkuchen vom Blech

Für den Teig: 400 g Mehl, 2 Eier, je 1 Teelöffel Pottasche und Hirschhornsalz oder Backpulver, 1 kleine Tüte Zimt, 1,5 Tüten Pfefferkuchengewürz, 1 Glas Sirup, 250 g Margarine, 1 Tasse Zucker.

Für den Schokoladenguß: 250 g Hartfett (Palmin), 3 Eßlöffel Kakao, 3 Eier, 4 gehäufte Eßlöffel Puderzucker.

Sirup, weiche Margarine und Zucker werden gut verrührt, die Masse muß recht dünnflüssig sein, dann alles mit den restlichen Zutaten für den Teig gut mischen und ordentlich durchrühren, dann auf ein gefettetes Backblech streichen.

Bei Mittelhitze wird der Pfefferkuchenteig etwa 1/2 Stunde gebacken. Den Kuchen erkalten lassen und zwischenzeitlich den Schokoladenguß zubereiten. Hartfett unter Erwärmen verflüssigen, Kakao, Puderzucker und die Eier verrühren, bis eine gute, ebenmäßige Verbindung erfolgt ist, dann den abgekühlten Kuchen damit überziehen.

Hefeteig-Grundrezept

500 g Mehl, 100 g Zucker, 80 g Butter, 1 Prise Salz, 1 Päckchen Vanillezucker, 1/4 Liter lauwarme Milch, 1 Ei nach Belieben, Zitronenschalenabrieb von 1 unbehandelten Zitrone und 1 Würfel frische Hefe werden benötigt.
Hefe und Vanillezucker mit der lauwarmen Milch verrühren. Dann mit den anderen Zutaten vermischen und gründlich verkneten, den Teig in eine Schüssel geben und mit einem feuchten Leinentuch abdecken. Alles 1,5 Stunden an einem warmen Ort gehen lassen. Danach nochmals gut durchkneten und bei 180 °C backen.
Als Blechkuchen wird der Teig mit Obst oder Streuseln belegt, oder er wird zu Hörnchen und Zöpfen verarbeitet.
Die Backzeit hängt von dem Belag ab. Die fruchtige Variante backt etwa 25-30 Minuten, mit Streuseln belegt beträgt die Backzeit etwa 15 Minuten, dabei aber bitte die sehr unterschiedliche Regulierung der heutigen Backöfen beachten. Hörnchenvariante: Den Hefeteig 5 mm dick ausrollen, in gleiche Dreiecke schneiden, mit Marmelade füllen und von der breiten Seite heraufrollen. Backblech einfetten, Hörnchen mit Eiermilch bestreichen und bei 180 °C etwa 15 Minuten backen. Werden die Hörnchen nicht gefüllt, mit Eiermilch bestreichen und mit Mohn bestreuen.

Butter-Zucker-Kuchen

Hefeteig nach Grundrezept zubereiten.
Nach dem »Gehen« den Teig auf ein mit Fett ausgestriche-nes Backblech geben, mit Butterflöckchen belegen und obendrauf ein Gemisch von Zucker und Mandeln streuen.
Bei Mittelhitze, auch etwas weniger, ca. 25 bis 30 Minuten backen.

Belag-Variante:
Man verrührt 250 g gemahlene süße Mandeln mit 250 g Zucker, 2 Päckchen Vanillezucker und 1/2 Liter Sahne, gießt diese Masse auf den Hefeteig, verteilt sie gleichmäßig und backt den Kuchen goldgelb ab.

Belag-Variante:
1,5 kg entsteinte, halbierte blaue Herbst-Pflaumen mit der Schnittseite nach oben leicht fächerartig auf dem Hefeteig sehr dicht anordnen und leicht mit Zucker oder auch Zimt-zucker bestreuen.
Die Backzeit ist dann etwa 10 Minuten länger.

Mohn-Quark-Kuchen

für ein Backblech

Hefeteig nach Grundrezept zubereiten, auf das gefettete Backblech geben und verstreichen. Nochmal gehen lassen.
Mohnmasse: 250 g Mohnfix (fertige Masse) mit 5 Eßlöffeln Zucker und etwas Milch zu einer breiigen Masse vermengen.
Quarkmasse: 500 g Quark, 2 Eier, 5 Eßlöffel Zucker und Zitronensaft werden zu einer dicken Quarkmasse verrührt.
Die Mohn- und Quarkhäufchen werden auf dem Hefeteig versetzt verteilt, damit eine gute Optik entsteht.

Streusel: 2 Tassen Mehl, 1 Tasse Zucker, 150 g Butter und 1 Päckchen Vanillezucker zu Streuseln verkneten und auf dem Teig verteilen. Die Backzeit beträgt 35 Minuten bei 175 °C.

Der Teig eignet sich auch hervorragend für Buchteln mit Pflaumenmusfüllung. Klöße formen, füllen und in einer gefetteten Gugelhupfform dicht aneinander stellen, mit flüssiger Butter bestreichen, in 15 Minuten goldgelb backen.

Hefekuchen schwarz-weiß

Hefeteig nach Grundrezept zubereiten.
Nach dem ersten Gehen wird er nochmals ordentlich durchgeknetet und anschließend auf dem gefetteten Backblech verteilt, nun noch einmal 10 bis 15 Minuten gehen lassen.
In der Zwischenzeit Streusel zubereiten: 300 g Mehl, 200 g Zucker, 250 g Butter, 1 Päckchen Vanillezucker werden zu Streuseln verknetet. Die Menge halbieren und eine Hälfte mit 2 Eßlöffeln Kakao verkneten. Den Hefeteig nun zur Hälfte mit Kakao-Streuseln belegen und die andere Hälfte mit den hellen Streuseln, aber auch kleckweise durcheinander oder diagonal im Wechsel mit schwarz-weißen Streusel-Streifen belegen. Bei 180 °C etwa 20 Minuten abbacken.

Rosinenbrötchen

Für den Teig: 250 g Margarine, 1 kg Mehl, 4 Eier, 125 g Korinthen, 125 g Rosinen, 1/2 Tasse Milch, 50 g Hefe, 1 Prise Salz, 1 Ei, 1 Eßlöffel Honig.

Die Margarine schaumig rühren. Gesiebtes Mehl, Eier Zucker, Salz, Korinthen, Rosinen und die in lauwarmer Milch aufgelöste Hefe zugeben und gut schlagen. Den Teig zugedeckt an einem warmen Ort gehen lassen. Wieder zusammenstoßen, runde Brötchen daraus formen, auf das gefettete Backblech setzen und nochmals kurz gehen lassen. Mit einer Mischung aus geschlagenem Ei und Honig bestreichen und bei Mittelhitze goldgelb backen.

Zwiebel-Käse-Brot

500 g Mehl, 250 g geraspelter Käse, 400 ml Wasser, 1 Würfel Hefe, 3 große, sehr fein geschnittene Zwiebeln, Salz, 1-2 Eßlöffel Garten-Kräuter (frisch oder getrocknet), Knoblauch gepreßt oder feingehackt, je nach Geschmack.

Die Hefe in wenig lauwarmem Wasser auflösen.

Den Teig mit allen Zutaten zubereiten, zum Schluß die Hefe darunter rühren und abgedeckt an einem warmen Ort ruhen lassen – er muß gut aufgehen. Dies zweimal wiederholen, wie man es vom Hefeteig kennt, und den Teig nach dem Aufgehen immer wieder ordentlich durchrühren – die Luft muß raus!

Den Teig dann in eine Kasserolle füllen und im Backofen 50 Minuten bei Mittelhitze goldbraun abbacken.

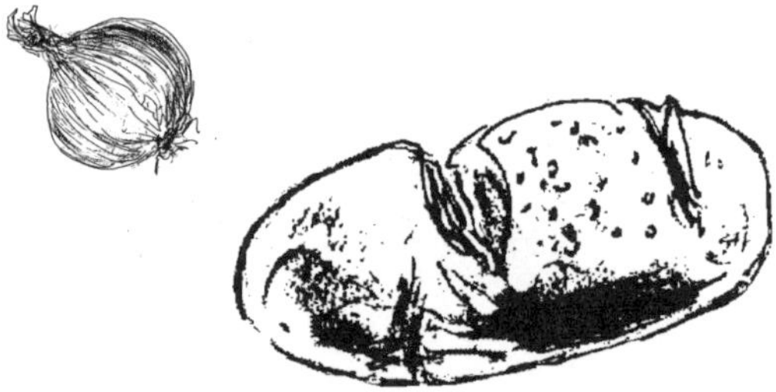

Schmalzkuchen
mit Pflaumenmus

Man benötigt für diese Pfannkuchen: 500 g Mehl, je einen Teelöffel voll Zimt und Kardamom, 150 g Butter, 4 Eier, zwei Eigelb zum Bestreichen, 1/2 Zitrone (Saft und Abrieb), ein wenig Milch, 1/4 Liter süße Sahne, 35 g Hefe, 1 Prise Salz.

Man schlägt unter ständigem Rühren zu 150 g sahnig gerührter Butter nach und nach 4 ganze Eier, rührt dann 100 g Zucker und den Saft und Abrieb der unbehandelten, gewaschenen und getrockneten Zitrone, 1/4 Liter süße Sahne, 35 g in etwas warmer Milch aufgelöste Hefe, 1 Prise Salz, das Mehl sowie Zimt und Kardamom dazu. Den so entstandenen Teig läßt man etwa eine Stunde an einem warmen Ort zugedeckt gehen. Nun muß er ordentlich geknetet werden, damit er schön locker wird, dann rollt man ihn etwa einen halben Zentimeter dick aus und sticht runde Pfannkuchen ab. Die Hälfte der Pfannkuchen wird mit Eigelb bestrichen, darauf wird Pflaumenmus gegeben und mit einem zweiten Pannkuchen obenauf belegt – vorsichtig werden beide Teile zusammengedrückt. Wenn alle Pfannkuchen fertig sind, nochmals 1/2 Stunde auf einem Blech gehen lassen und dann in reichlich siedendem Schmalz ringsherum hellbraun backen. Mit Zucker bestreuen und warm servieren.

Wasserkringel

Gefüllter und gewickelter Hefekuchen

500 g Mehl, 1 Tasse Zucker, 1 bis 2 Eier, 1 Würfel Hefe, 250 g Margarine, 1 Tasse Milch, 1 Zitrone, Puderzucker zum Bestäuben. Von der unbehandelten, gesäuberten Zitrone werden der Abrieb und der Saft verwendet. Die Hefe wird in der lauwarmen Milch aufgelöst.

Alle Zutaten, bis auf den Zucker und die Zitrone, werden nun zu einem Teig verrührt und zu einem Kloß geformt. Dieser Teigkloß kommt in ein größeres, mit lauwarmem Wasser gefülltes Gefäß zum »Gehen«. Beginnt er, sich zu heben und wird leicht rissig, so ist er aufgegangen und man nimmt ihn aus dem Wasser. Jetzt kommen der Zucker und die Zitrone hinzu und alles wird nochmals ordentlich durchgeknetet – 1/2 Stunde abgedeckt warm stellen (Backofen bei 50 °C).

Nun wird der Teig ausgerollt und ganz nach Lust und Laune mit Konfitüre bestrichen, mit einer Quarkfüllung oder Apfel-Butter-Zimt-Rosinenfüllung belegt. Aber auch grob gemahlene Nüsse, vermischt mit in Rum eingelegten Rosinen, sowie eine Marzipan-Rohmasse eignen sich als leckere Füllung für diesen Hefekuchen. Nach dem Belegen wird er von der breiten Seite her aufgerollt, das Ende der Teigrolle sollte oben seitlich umgeschlagen sein und etwas angedrückt werden. Dann ab in den leicht vorgeheizten Ofen und bei Mittelhitze etwa 45 Minuten abbacken, bis er eine goldgelbe Farbe angenommen hat. Mit Puderzucker bestäuben.

Gefüllte »Orschback« vom Blech

Einen Hefeteig aus folgenden Zutaten wie gewohnt zuberei-ten:
500 g Mehl, 100 g Zucker, 1 Ei, 75 g Butter, 1 Würfel Hefe, 1 Prise Salz, 1/4 Liter lauwarme Milch. Außerdem benötigt man Eigelb zum Bestreichen des Teiges, Puder-zucker zum Bestäuben des fertigen Kuchens.
Den zubereiteten Teig gehen lassen und danach mehrmals ordentlich durchkneten. Dann wird er ausgerollt und mit Apfel- oder Pflaumenmus großflächig bestrichen. Von der breiten Seite her wird der Teig zusammengelegt (die Form sollte einem rundlichen Bauernbrot ähneln). Zuletzt mit Eigelb bestreichen und 25 Minuten bei etwa 180 °C im vor-geheizten Backofen backen. Mit Puderzucker bestäuben oder mit einem Zuckerguß überziehen.

Hefeklöße

Das Mehl sieben und mit den anderen Zutaten mischen, dann in etwas lauwarme Milch die Hefe einbröckeln, etwas Zucker hinzugeben und alles gut verrühren. Einen Teig kneten und ihn etwa 30 Minuten gehen lassen – wohin er auch will!

Dann formt man ca. 16 gleichgroße Klöße, legt diese auf ein Backblech und läßt sie nochmals ruhen.

Nach und nach kommen die Klöße dann in einen Siebeinsatz und ziehen über Wasserdampf gar.

Serviert werden sie mit heißer brauner Butter und einer Zucker-Zimt-Mischung. Sehr lecker sind auch Frucht-Saucen oder ein heißes Pflaumenkompott, das man mit etwas Stärkemehl binden kann.

Eine andere Variante:

Die Hefeklöße werden mit einer Pflaume oder Aprikose gefüllt und kommen im Kreis dicht aneinander gereiht in eine gut gebutterte Auflaufform. Obenauf verteilt man reichlich Butterflocken und bestreut alles mit bis zu 2 Eßlöffeln Zucker. Bei Mittelhitze ca. 30 bis 40 Minuten goldgelb backen.

Apfelkeilchen

eingebürgertes Rezept aus Ostpreußen

Eine süße Variante der Keilchen (Klöße aus Ostpreußen), die als Hauptgericht ebenso beliebt sind wie als Nachspeise.

Man benötigt: 500 g Mehl, 2 Eßlöffel Zucker, 3 Eßlöffel Milch, 80 g Butter, 1 -2 Eßlöffel gemahlene süße Mandeln, Saft und Abrieb einer Zitrone, eine Prise Salz, 500 g säuerliche, herzhafte Äpfel (Boskop ist empfehlenswert) und eine nach Bedarf gewünschte Zimt-Zucker-Mischung zum Bestreuen.

Butter mit Eiern und Zucker schaumig rühren, nach und nach Mehl und soviel Milch dazugeben, daß ein fester Teig entsteht. Mandeln und abgeriebene Zitronenschale hineinarbeiten. Die zwischenzeitlich geschälten und vom Kerngehäuse befreiten kleingeschnittenen Äpfel mit dem Teig vermengen. Diese Teigmasse sollte jetzt etwa für 15 Minuten ruhen, dann sticht man mit dem Eßlöffel Klöße ab und gart sie in schwach gesalzenem Wasser. Die Keilchen läßt man abtropfen und gibt sie dann, mit ausgelassener brauner Butter übergossen und bestreut mit einer Zimt-Zucker-Mischung, heiß serviert zu Tisch.

Urgroßmutters Tips rund um den Haushalt

Allgemeine Kochregeln

und viele nützliche Tips

Es soll stets kochendes Wasser auf dem Herde sein; denn man schüttet dieses, wo es nötig ist, nach. Kaltes Wasser verdirbt den Geschmack.

Alle frischen Gemüse setzt man kochend auf.

Frisches Fleisch setzt man mit kochendem Wasser an.

Das kalte Wasser erweicht, quellt auf, zieht aus, reinigt, löst auf.

Trockenes Obst und geräuchertes Fleisch sollen wieder aufquellen, deshalb setzt man beide mit kaltem Wasser auf.

Kartoffeln legt man nach dem Schälen in Wasser und setzt sie mit kaltem Wasser auf.

Kartoffelmehl und andere Stärke müssen stets kalt angerührt werden.

Hülsenfrüchte setzt man kalt auf.

Eine Mehlschwitze bekommt einen besseren Geschmack, wenn sie langsam zubereitet wird.

Milch soll langsam und nicht lange kochen, brennt leicht an, muß zugedeckt und kühl aufbewahrt werden. Man läßt sie am besten auf der Herdplatte kochen, nicht unmittelbar auf der Flamme, und beschleunigt das Abkühlen der heißen Milch durch Einstellen des Kochgefäßes in kaltes Wasser.

Eier gerinnen durch Hitze, man rührt sie kalt an.

Fett muß fein geschnitten oder gehackt werden, langsam ausgebraten werden und zum Braten und Backen heiß sein.

Hefe wird mit Zucker verrührt und lauwarm angerührt; der Hefeteig soll 2-3 Stunden aufgehen.

Backpulver wird trocken mit dem Mehl vermischt, und der Teig kann sofort gebacken werden. Er kann aber auch ohne zu leiden einige Stunden stehenbleiben.

Sahne am besten immer ungezuckert aufschlagen; bei Wärme einige Spritzer Zitronensaft zugeben, damit sie steif wird.

Rosinen werden schön weich, wenn man sie für 30 Minuten in Zitronensaft legt und quellen läßt.

Zitronen geben mehr Saft, wenn man sie vorher für 10 Minuten in heißes Wasser legt.

Reis bekommt beim Kochen durch Zugabe von Zitronensaft eine schöne weiße Farbe und schmeckt aromatischer.

Grünes Gemüse bleibt vom Aussehen her frisch, wenn man es beim Kochen nicht salzt und den Topf ohne Deckel aufsetzt.

Setzt man Milch auf, vorher den Topf mit kaltem Wasser ausspülen und den Topfrand mit Butter einfetten, das verhindert das Ansetzten und Überkochen der Milch.

Eier lagert man mit dem stumpfen Ende nach oben.

Eingemachte Früchte halten sich besonders gut, wenn man sie nach dem Abkühlen mit klarem Schnaps oder Weinbrand übergießt.

Rötlicher Rhabarber enthält weniger Oxalsäure, das spart Zucker beim Kochen.

Ein Wildbraten bekommt ein ganz besonderes Aroma, übergießt man ihn mit einem Gläschen Kräuterlikör.

Grupen (Graupen) helpen schuben!
Grütt (Grütze) is im Buuk nichts nütz!

Zitronensaft

verhindert das Verfärben geschälter und klein-
geschnittener Äpfel, Birnen und Bananen,
die man für einen Obstsalat zubereitet.

Quark

bleibt doppelt solange frisch,
wenn man die Packung auf den Kopf stellt.

Öle und feste Fette

spritzen nicht so sehr, wenn man beim
Erhitzen etwas Salz hineinstreut
und ein Stück trockene Brotkruste dazugibt.

Holundersaft lindert grippale Infekte:

Den puren Holundersaft mit dem Saft einer Zitrone,
etwas Zucker und einem Stück Zimtrinde erhitzen –
so hat man schnell ein wohlschmeckendes
Heißgetränk zubereitet, das einem gut und
schnell zum Schwitzen verhelfen kann.

Essig

löst Kesselstein im Wasserkocher.

Petersilie,

die welk geworden ist, legt man in lauwarmes Wasser. So wird sie wieder frischer.

Pflaumen,

die nach dem Pflücken noch lange frisch bleiben sollen, lagert man in einer luftigen Bodenkammer auf losen Brettern.

Richtwerte für die Kochzeit von Eiern:

3 Minuten: Das Eiweiß ist außen fest, das Eigelb flüssig.

4 Minuten: Das Eigelb ist noch flüssig, hat aber einen festen Rand.

5 Minuten: Das Eigelb ist nur noch in der Mitte weich.

6 Minuten: Das Eigelb ist in der Mitte crèmig, die Farbe ist heller.

10 Minuten: Das Eigelb ist schnittfest und blaßgelb.

15 Minuten: Das Eigelb ist trocken, sehr hell und krümelt beim Schneiden.

Eier,

die geplatzt sind, mit kaltem Wasser abschrecken
und weiterkochen.

Eischnee

ist das steifgeschlagene Eiklar von Hühnereiern.
Es hat die richtige Konsistenz erreicht,
wenn sich der Schnee mit einem Messer zerteilen läßt.

Eiweiß

wird in einer Aluminiumschüssel nicht steif, es eignen
sich Gefäße aus Glas, Porzellan oder Plastik.

Eiweißglasur

erhält man, indem man rohes Eiweiß mit Puderzucker
vermengt und zum Verzieren der Oberflächen von Torten,
Gebäck und Süßspeisen verwendet.

Dicke Bohnen

darf man nie kalt aufsetzen, sie müssen immer
in kochendes Salzwasser gegeben werden.

Erdbeeren,

die tiefgefroren sind, werden beim Auftauen
nicht matschig und behalten ihre schöne rote Farbe,
wenn man sie mit heißem Zuckerwasser begießt.

Bowlen

sind einfach zuzubereiten.
Kleingeschnittene Früchte werden bereits am Vortag in
Alkohol (Cognac) und etwas Zucker eingelegt.
Kurz vor dem Servieren übergießt man den Ansatz
dann mit eiskaltem Wein und Sekt.

Blumenkohl

und andere weiße Gemüse behalten ihre weiße Farbe,
wenn man eine Prise Zucker ins Kochwasser gibt.

Blumenkohlgeruch

verhindert man, indem eine rohe
Kartoffel mitgekocht wird.
Wirkungsvoll ist auch die Zugabe
eines mit Essig beträufelten Brotstücks.

Blüten

sind nicht nur dekorativ, sondern auch essbar, so z.B. Kapuzinerkresse, Veilchen und Blüten vieler Kräuter, wie Borretsch, Dill, Schnittlauch, Thymian und Rosmarin.

Frischer Fisch

hat klare Augen, rote Kiemen, feste Schuppen und hinterläßt keine Druckstelle, wenn man mit dem Finger auf die Haut drückt.

Gefrorenen Fisch

zum Auftauen in Milch legen, das verhindert Gefriergeschmack und macht den Fisch zarter.

Heringe

zerfallen beim Braten nicht so leicht, wenn man sie zuvor einige Zeit in Essigwasser mariniert. Danach gut abbrausen, ordentlich trockentupfen, salzen, in Mehl oder in einer Panade wenden und braten.

Hirschgulasch

wird ganz besonders lecker, legt man die Fleischwürfel vor der Zubereitung zwei bis drei Stunden in eine Schale mit Holundersaft.

Himbeeren

haben oft Maden. Gibt man die Himbeeren in einen unbeschädigten Emailleeimer, füllt ihn dreiviertel voll, deckt ihn mit einem Emailledeckel ab und lässt ihn über Nacht stehen, so befinden sich am anderen Tag alle Maden am Inneren des Deckels – vorsichtig abheben!

Himbeermarmelade

geliert gut, kocht man einen sehr kleingeschnittenen, unreifen Apfel mit.

Alte Kartoffeln

werden in kaltem Wasser aufgesetzt, neue in kochendem Wasser.

Verschrumpelte Kartoffeln

legt man für kurze Zeit in Eiswasser, danach sind sie wieder hart.

Pellkartoffeln für Kartoffelsalat

erst abkühlen lassen, dann pellen – in Scheiben schneiden, wenn sie völlig abgekühlt sind. Um das Verkleben der Kartoffelscheiben zu verhindern, übergießt man sie mit etwas heißer Brühe – so bekommen die Kartoffeln auch einen schönen Glanz.

Bratkartoffeln

erhalten einen ganz besonderen Geschmack, wenn man sie mit etwas gerebeltem Majoran würzt.

Bratwürste,

die vor dem Braten mit Senf bestrichen werden, bekommen eine knusprige und würzige Kruste.

Schweinebraten

bekommt eine knusprige Schwarte, wenn man ihn 5-10 Minuten vor Ende der Bratzeit mit Salzwasser bestreicht und scharf nachbrät. Eine schöne krosse Schwarte erhält man auch, wenn man den Schweinebraten mit Bier bepinselt oder mit Senf einstreicht.

Schweinebraten mit Salbei

ist sehr aromatisch und pikant. Der Schweinebraten wird mit Salbeiblättern gespickt; dazu die Schwartenschicht mit einem scharfen Messer leicht einritzen und die Kräuterblättchen hineinstecken.

Schweinebraten würzig pikant

mit Knoblauch spicken, salzen und in Butter anbraten – dazu einen Zweig Rosmarin geben und garen.

Wildbret

wird zart, wenn man Bouillon und Essig zu gleichen Teilen aufkocht und das Fleisch in dem abgekühlten Sud über Nacht einlegt. Wildbraten legt man auch in eine Beize aus Buttermilch und Rotwein.
Ein winziges Stückchen Tannenzweig – etwa so lang wie der kleine Finger – in die Beize gegeben, macht das Wildbret besonders aromatisch.

Panade

Hierfür alle gewünschten Gewürze mit dem Ei verrühren, so wird sie gleichmäßig aromatisiert. Die Panade haftet besser am Fleisch, wenn der Paniermasse etwas Speiseöl zugefügt wird. Das Fleisch nach dem Panieren abklopfen, damit das überflüssige Paniermehl abfällt.

Eisenpfannen

sollten wegen der Rostgefahr nicht mit Wasser gespült
werden. Man kann sie zunächst
mit Salz und Papier
und danach mit Speiseöl ausreiben.

Emaillegeschirr

wird wieder blank, wenn man es mit Salz abreibt.

Marmorfensterbänke

pflegt man mit farbloser Schuhcreme.
Nach der Behandlung mit einem weichen Tuch polieren.

Kalkflecken

lassen sich relativ mühelos mit Essig oder auch mit
Buttermilch von den unterschiedlichsten Flächen
entfernen.

Kamin

Ab und zu etwas Salz auf das Feuerholz
des offenen Kamins streuen,
das verringert den Rußanteil.

Fliegen

meiden den Duft von Zitronen und Nelken; dafür eine halbe Zitrone mit Nelken spicken und aufstellen.

Kratzer auf Holzmöbeln

kann man mit einer geteilten Paranuß entfernen. Kratzer auf hellen Holzmöbeln, die glänzende Oberflächen haben, bearbeitet man mit farbloser Schuhcreme. Bei sehr dunklem Holz benutzt man auch Essig und Öl als Mischung zu gleichen Teilen und betupft die Stelle. Bei Mahagoniemöbeln bessert man Kratzer mit Jod aus.

Naturschwämme

werden nach längerem Gebrauch hart und bekommen einen unangenehmen Geruch. Die Schwämme einen Tag in Salzwasser legen und danach mehrmals ausspülen – sie sind dann wieder weich und wie neu.

Steinguttöpfe

nehmen vom langen Stehen einen dumpfen Geruch an. Man reinigt sie mit heißem, mit Wasser verdünntem Essig.

Blaubeerflecken

mit natürlichem Zitronensaft behandeln; er wird direkt auf den Fleck geträufelt.

Kugelschreiberflecken

mit Haarspray einsprühen und dieses etwas einwirken lassen. Danach wie gewohnt waschen.

Verfärbungen

bei Kleidungsstücken, da gibt es einen einfach umzusetzenden Trick: Die betroffenen Stücke in warme saure Milch legen, dann das Ganze mit lauwarmem Wasser ausspülen. Oder Flecken mit warmer Seifen - lauge entfernen. Bei nicht waschbaren Stoffen verdünnten Salmiakgeist verwenden.

Zwiebeln

schneiden ohne Tränen: Messer und Zwiebeln unter kla - rem Wasser abspülen und naß kleinschneiden.

Kühlschrankgerüche

lassen sich durch das Säubern mit Essigwasser beseitigen, aber auch ein Schälchen, gefüllt mit 1 -2 Eßlöffeln Bohnenkaffeepulver, hilft dagegen.

Schränke

duften frisch, wenn man einen kleinen Leinenbeutel, gefüllt mit Lavendelblüten, hineinlegt. Aber auch wohlriechende Seifenstücke sorgen für einen angenehmen Duft.

Angenähte Knöpfe

halten länger, wenn man den Faden mit farblosem Nagellack versiegelt – dazu einen Tupfer vor und hinter den Knopf auftragen, das genügt.

Gesundheitstips

Kleine Kräuter-Schlafkissen

sorgen für einen erholsamen Schlaf durch Einatmung von aromatischen Düften; dazu 50 g Hopfenzapfen, 50 g Johanniskraut, 30 g Lavendelblüten und 30 g Baldrianwurzel in ein Leinensäckchen füllen und unter das Kopfkissen legen.

Holunderfußbad

Aus den weißen, süßlich duftenden Blüten des Hollerbusches bereitet man ein Fußbad gegen geschwollene, überanstrengte Füße.

Dazu benötigt man
5 Holunderblütendolden, 1 Handvoll
Pfefferminzblätter und 1 Liter Wasser.
Die Blüten und Blätter mit dem Wasser aufkochen
und dann abkühlen lassen. In eine kleine Wanne
mit 2 Liter lauwarmem Wasser schütten
und die Füße 10 Minuten darin baden.

Bohnenkrauttee gegen Blähungen

wirkt magenstärkend, belebend und lindert auch Husten – regelmäßig morgens und abends eine Tasse trinken, dafür 1/4 Liter Wasser, 1-2 Teelöffel Bohnenkraut, 1/2 Teelöffel Thymian und 1/2 Teelöffel Malvenblüten mit kochendem Wasser übergießen und 5 bis 10 Minuten ziehen lassen, dann abseihen.

Kamillenspülung

gibt blondem Haar natürlichen Glanz, sie kann häufig angewandt werden. Dafür benötigt man 2-3 Tassen Kamillenblüten, einen Spritzer Zitronensaft und 1/2 Liter Wasser. Von den Blüten 2-3 Tassen in einen Topf füllen, Wasser zum Kochen bringen, darübergießen und 20 Minuten bedeckt ganz schwach sieden lassen. Durchsieben und den Zitronensaft zufügen. Haare gut waschen und ausgiebig in der Spülung baden. Nicht mehr auswaschen.

Salbei-Teebaum-Bad

für fettige und unreine Haut; Salbei wirkt antiseptisch und heilend bei unreiner Haut, Teebaumöl unterstützt die Wirkung:

1 Liter Wasser, 200 g Salbeiblüten und Salbeiblätter, 4 Tropfen Teebaumöl und 1-2 Eßlöffel Honig.

Salbei mit kochendem Wasser übergießen, 15 Minuten ziehen lassen, durch ein Sieb geben und Pflanzenrückstände gut auspressen. Aufguß in das warme Badewasser geben; Teebaumöl mit flüssigem Honig verrühren und ebenfalls direkt in das Badewasser geben.

Bei Sonnenbrand

50 g Quark und 1 Eßlöffel Buttermilch mischen, auf ein Baumwolltuch streichen und auf die verbrannte Hautpartie legen, bis sich der Wickel erwärmt hat.

Die Prozedur 2-3 Mal täglich wiederholen.

Basensuppe gegen Durchfall

ersetzt verlorene Flüssigkeit und Mineralstoffe, ohne die gereizten Darmschleimhäute zu belasten.

1/4 Liter Wasser, 2 Kartoffeln, 1 Möhre, 1 Prise Salz.

Küchenfertiges Gemüse kleinschneiden, 20 Minuten garen und pürieren, dann salzen.

Ysoptee gegen Blähungen

2 Teelöffel zerschnittenen Ysop mit Wasser übergießen und zum Kochen bringen, 5 Minuten köcheln lassen, abseihen und ungesüßt täglich 2 Tassen trinken. Dazu eine kleine Bauchmassage mit der flachen Hand kreisend im Uhrzeigersinn.

Apfelquark gegen Verstopfung

125 g Magerquark mit 1 geriebenem Apfel, 1 Teelöffel Leinsamen und 1 Teelöffel Honig vermengen. Auch hilft es, auf nüchternen Magen 1 Glas lauwarmes Wasser zu trinken, oder 4-5 getrocknete Pflaumen und 1-2 Feigen abends in lauwarmem Wasser einzuweichen, am nächsten Morgen, gleich nach dem Aufstehen, das Einweichwasser zu trinken und die Früchte zu essen.

Gegen Nasenbluten

hilft ein Stückchen Papier, z.B. von der Küchenrolle, das man unter die Zunge legt. Warum das funktioniert, weiß man nicht, aber es wirkt fast immer.

Gegen Erkältung

hilft es, täglich 2 Teller Hühnersuppe zu essen. Sie sollte selbstgekocht und mit Suppenhuhn und viel gutem Suppengemüse angerichtet sein.

Apfelschalen und Gurkenschalen

sind ein Pflegemittel, das die Haut sanft reinigt und sie zart und rosig macht. Nach dem Waschen das Gesicht sanft mit den Gurken- und Apfelschalen massieren.

Brennnesselkur

hilft, wenn man sich schlapp und müde fühlt. Brennesseln enthalten sehr viel Eisen. Mehrere Wochen lang täglich 2-3 Tassen Brennesseltee trinken (selbst gesammelt oder aus der Apotheke).

Geistige Frische

mit einem alten Hausmittel, das für den ganzen Tag fit und vital macht: 2 Teelöffel Honig und 2 Teelöffel Obstessig in einem Glas Wasser verrühren und vor dem Frühstück trinken.

Schönheitsmaske

zum Wohlfühlen: aus 21 Tropfen Zitronensaft (frisch gepreßt), 1 Eßlöffel Sonnenblumenöl und 1 Eigelb herstellen, gut verrühren, auftragen und 15 Minuten einwirken lassen; dann wie gewohnt entfernen und die Haut eincremen.

Alte Bauern- und Wetterregeln

Schön Wetter in Sicht,
wenn abends der Himmel rötlich ist.

Scheint an Lichtmeß (2. Februar) die Sonne heiß,
kommt noch sehr viel Schnee und Eis.

Der Abend rot und weiß das Morgenlicht,
dann trifft uns böses Wetter nicht.

Morgentau macht den Himmel blau.

Lerchen und Rosen bringen des Frühlings Kosen.

Später Frühling, früher Winter.

Ist der Februar sehr warm,
friert man Ostern bis in den Darm.

Viel Nebel im Frühjahr, viel Regen im Sommer.

Frühlingsregen bringt Segen.

Wirft der Maulwurf schon im Januar,
dauert der Winter bis Mai gar.

Ein rechter Mann nach rechter Art,
der trägt den Pelz bis Himmelfahrt.

Gibt´s im April mehr Regen als Sonnenschein,
so wird´s im Juni trocken sein.

Wenn der Flieder langsam verblüht,
die Ernte sich lang hinzieht.

Viele Maikäfer lassen auf ein gutes Jahr hoffen.

Im Sommer kalt, im Winter warm,
gibt eine Ernte, daß Gott erbarm.

Siehst du die Katze gähnend liegen,
weißt du, daß wir Gewitter kriegen.

Herbstgewitter bringen Schnee,
doch dem nächsten Jahr kein Weh.

Bleibt der Winter fern,
so nachwintert es gern.

Ist der Winter warm,
wird der Bauer arm.

Wenn kurz vor Vollmond
der Sonnenaufgang neblig war,
wird das Wetter in den
nächsten Tagen warm und klar.

Ziehen die Wolken dem Wind entgegen,
gibt´s am anderen Tage Regen.

Warmer Regen macht die Pilze groß.

Tiefer Nebel verheißt schönes Wetter.

Auf schwüle Luft folgt Donnerwetter.

Bei rotem Mond und hellem Sterne,
sind Gewitter gar nicht ferne.

Ein Donner macht mehr Getümmel
als zehn Blitze.

Ein Donnerwetter am frühen Morgen
zieht noch mehrere Gewitter nach sich.

Gewitter in der Vollmondzeit
verkünden Regen lang und breit.

Wenn es blitzt von Westen her,
deutet´s auf Gewitter schwer;
kommt von Norden her der Blitz,
deutet es auf große Hitz´.

Wenn´s auf trockenem Boden donnert,
gibt´s ein gefährliches Wetter.

Wenn´s donnert, wachen die Gebetsbücher auf.

Der Nordwind ist ein rauher Vetter,
aber er bringt beständig Wetter.
Südwind kalt wird selten drei Tage alt.

Südwind bringt Regen, Nordwind Dürre,
danach richte dein Geschirre.

Hat der Mond einen Hof, zeigt er Regen an.

Mit Ostwind schön Wetter beginnt.

Westliche Winde; naß, nördliche Winde; kalt,
östliche Winde; trocken, südliche Winde; warm.

Der Mond ist der Bauern Kalender.

Juli-Heumond,
Lostag »Margareta«, 13. Juli:
Hat Margit keinen Sonnenschein,
dann kommt das Heu nicht trocken ein.

Der Neumond macht das Wetter.

Ein neues klares Mondeslicht
gibt von sehr trock'ner Zeit Bericht;
wenn aber solches gleichsam schwimmt,
alsdann das Naß die Herrschaft nimmt.
Wenn der Mond neu worden,
so merke diesen Orden: Scheint er weiß,
so ist das Wetter schön und rein,
scheint er rot, so ist er ein Windesbot';
scheint er bleich,
so ist er feucht und regenreich.

Vollmond mit Wind ist zu Regen gesinnt.
Tut's nach dem Neumond
nächsten Tag regnen, wird solches
den ganzen Monat begegnen.

Lassen die Frösche sich hören mit Knarren,
wirst nicht mehr lange auf Regen du harren.

Fliegen die Fledermäuse abends umher,
kommt anhaltend schönes Wetter daher.

Wenn sich die Katzen putzen,
gibt es gutes Wetter.

Zieht der Vogel schon zeitig ins Weite,
bringt November schon Winterfreude.

Rüsten sich Schwalben und Störche zur Reis,
dauert's nicht lang' mehr, so wird es weiß.

Wo der Storch nistet auf dem Dach,
kommt weder Blitz noch Ungemach.

Wenn die Apfelbäum' blühn,

soll der Ofen glühn.
Schönes Wetter künden Anemonen,
wenn sie ihre Blüten weit öffnen,
schlechtes Wetter,
wenn sie ihre Kronen geschlossen halten.

Wenn die Esche blüht,
gibt es keinen Frost mehr.

Holunder tut Wunder;
Holunder ist die Apotheke Gottes.

Wenn die Bäume zweimal blühen,
wird sich der Winter bis Mai hinziehen.

Baumblüte spät im Jahr,
nie ein gutes Zeichen war.

Von Weihnachten bis Dreikönigstag,
auf's Wetter man wohl achten mag.
Ist's regen-, nebel-, wolkenvoll,
viel Krankheit er erzeugen soll.
Leb mit Vernunft und Mäßigkeit,
bist vor allem Wetter so gefeit.

Christmond kalt mit Schnee
gibt Korn auf jeder Höh.

Herrscht im Advent recht strenge Kält´,
sie volle achtzehn Wochen hält.

Ist die Christnacht hell und klar,
folgt ein höchst gesegnet´ Jahr.

Wer sein Holz um Weihnachten fällt,
dem sein Gebäude zehnfach hält.

Ist´s zu Weihnachten
warm und lind,
kommt zu Ostern Schnee und Wind.

»Wat de Lüd seggen«

Plattdeutsche Sagwörter

Wo man singt, da laß dich ruhig nieder,
säd de Düwel un sett sik mit'n Noors in'n
Immenschwarm.

Reinlichkeit is't halwe Läben, säd de Diern
un fäächt denn Disch mit'n Bessen af.

Hett all sien Kunst, säd de Fru, don puust se
dat Licht mit'n Noors ut.

Dat geiht all verkiehrt, säd de Bur,
don har sien Fru drei Kinner krägen
un de Soech ein Farken.

Lat lopen, säd Luten, un pißt inne Büx.

Ja, wi möten, säd Stine Witten,
steiht up un geiht wedder sitten.

Wenn't Unglück sin sall, säd de oll Fru,
kannst di denn Dumen inne Näs afbräken.

De Fru hett ümmer recht, säd Bandemer,
oewer se dörf dat nich weeten.

Dat treckt sich all na'n Lief, säd de Schnieder.

Wenn de Welt unnergahn sall, denn lat ehr,
säd de Jung, wenn ik man nich dorbi bün.

Wedder denn Doktor üm vier Gröschen bröcht,
säd de Bur, as he eenen gahn lett.

Watt kamen sall, dat kümmt, dor helpt kein Hollen,
säd de Jung, don scheet hei sik inne Büx.

Lop du man, worüm büst du Pierd worden,
säd Johann un haucht em vör'n Noors.

Allens kann angahn, säd de Bur, bloß keen
Fingerhandschen oewer'n Fusthandschen antrecken.

Dat is nich all's Botter, wat de Kau gifft,
säd de Bur, don pedd he in'n Kauhfladen.

Olt un jung Kinnert got, säd de oll Fru,
don hett se sik'n jungen Kierl friecht.

Nee, wat büst du klauk Lotte, säd de Bur,
du kannst ja all sogar Kattenschiet in´n Düüstern rüken.

Lot´ dien Sticheleien Fru, säd de Mann,
neigh´ di diene
Spitzen sülwen an´ Unnerrock!

Wissen is Macht, säd Hans,
möts dorbi blot nich oewerschnappen.

Nee wat´n Wunner, säd de Stralsunner,
häst´n Lock im Noors un geihst lickers nich unner!

Man kümmt ute Angst nich rut,
säd de Jung, in´n Sommer de Gewitter
un in´n Winter de Schaul.

Dat sammelt sick, säd de Jung,
dunn harr he up de Deel een poor achter de Uhren krägen
und vor de Dör een Dracht Släg.

Ik un uns Schaulmeister
künnen as Bröder läben, säd de Jung,
oewerst hei höllt ja kein´n Fräden.

Vadder, säd de Jung, entweder hebben de
Plummen Beene,
oder ik heff'ne Poch verschluckt.

Krüüdsch bün ik nich, säd de Jung,
oewer ik mach giern, wat gaut schmeckt.

Wat is dat för'n oll schietig Wedder,
säd de Fru.
Jooo, säd de Bur, as midden im Noors,
oewer bloot nich so düster!

Mien Deern, säd de Vadder, täuf aff,
de Tied is noch bannig lang bed dorhen,
da schitt noch so männig Krei,
de bis hüt noch kein Noors hätt!

... betten Högerie un Spass möt sien:
»To jede Tied, bi Dag un Nacht,
bi Sünnenschien und Daak,
deep in mien Harten singt un lacht
mien leev oll Muddersprak.«

Bernhard Trittelvitz

Wo de Ostseewellen trecken …

Wo de Ostseewellen trecken an den Strand,
wo de gele Ginster bleugd in`n Dünensand,
wo de Möwen schriegen grell in`t Stormgebruus,
da is mine Heimat, da bin ik to Hus.

Well - un Wogenrauschen was min Weigenlied,
un de hogen Dünen sehgn min Kinnertied,
sehgn uck all min Sehnsucht un min heit Begehr,
in de Welt to fleigen oewer Land un Meer.

Woll hät mi dat Lewen dit Verlangen stillt,
hät mi allens gewen, wat min Herz erfüllt.
Allens is verswunnen, wat mi Quält un drew,
hev dat Glück nu funnen, doch de Sehnsucht blev.

Sehnsucht na dat lütte, kahle Inselland,
wo de Ostseewellen trecken an den Strand,
wo de Möven schriegen grell in`t Stormgebruus,
denn da is mine Heimat, da bün ik to Hus.

Worte: Martha Müller-Grählert, Weise: Simon Krannig

Weisheiten – Klauge Sprüch

Frisch gewagt ist halb gewonnen.

Den Vogel, der am Morgen singt,
frißt am Abend die Katz'.

Verschiebe nichts auf morgen,
was du heute kannst besorgen.

Jedem Anfang wohnt ein Zauber inne!
Doch Vorsicht ist geraten.

Wer den Karren in den Dreck schiebt,
muß ihn auch wieder herausziehen.

Wer flüstert, der lügt.

Stille Wasser sind tief.

Wer zuletzt lacht,
lacht am besten.

Lieber einen Spatz in der Hand,
als eine Taube auf dem Dach.

Ein blindes Huhn findet auch mal ein Korn.

Eine Lüge schleppt zehn andere mit sich.

Nutze die Niederlage für eine neue Chance.

Pack schlägt sich, Pack verträgt sich.

Ist eine Tür verschlossen,
öffnen sich andere Türen.

Die dümmsten Bauern haben die dicksten Kartoffeln.

Hochmut kommt vor dem Fall.

Mit dem Reichtum wächst der Geiz.

Wer viel kauft, was er nicht braucht,
muß bald verkaufen, was er braucht.

Alte Freunde und alter Wein sind am besten.

Borgen bringt Sorgen.

Eine Krähe hackt der anderen kein Auge aus.

Ein alter Freund ist besser als zwei neue.

Kommt der Zorn, geht der Verstand.

Es will jedermann alt werden, aber keiner alt sein.

Eine gute Lebensordnung ist die beste Arznei.

Beim Sonnenschein schlafen und
beim Mondenschein wachen,
wird niemand` zum reichen Manne machen.

Beim Trunk erkennt man die Narren.

Wer den Schaden hat,
braucht für den Spott nicht zu sorgen.

Der Teufel scheißt immer auf den größten Haufen.

Zulange nachgedacht, hat selten Klarheit gebracht.

Das Geld und der Reichtum
machen das Glück nicht aus.
Glück im Herzen und im Haus
macht reicher als der beste Schmaus.

Wo das Glück einkehrt,
da klopft auch der Neid an.

Man darf nicht schlafen,
wenn das Glück vor der Tür steht.

Glücklich ist, wer zufrieden ist.

Wer lügt, muß ein gutes Gedächtnis haben.

Wer sich wichtig macht,
wird ausgelacht.

Die Alten zum Rat, die Jungen zur Tat.

An jungen Bäumen
muß man immer etwas abhauen,
wenn sie gerade wachsen sollen.

Alte deutsche Kinderreime

Lustiges – bunt durcheinander

Rühr um, rühr um,
die Grütt brennt an,
der Schwiensmajur, de slöppt so lang,
gif den wat und den wat und den wat
und den biet'n Kopp af!

Unser Hans hat Hosen an,
und die sind ihm zu klein.
Horcht, wie der Wind geht,
horcht wie der Hahn kräht!
Draußen auf der Hollerstaudn
sitzt ein schöner Fink, Fink, Fink,
draußen auf der Hollerstaudn
sitzt ein schöner Fink.

Heile, heile Segen!
Drei Tage Regen, vier Tage Schnee,
tut dem Kindlein nichts mehr weh.

Lebe glücklich,
lebe froh,
wie der Mops im Paletot.

Still, lütt Hinning, gnarr nich so,
glick is Mudding farig,
nu noch de lütt anner Hand,
sie doch nich so gnarig.
Mußt dich nüdlich waschen laten,
kiek mal Muschkatt an,
Muschkatt wäscht sik ok de Poten,
sitt dor achter an.

Petrus mit dem Himmelschlüssel
haut dem Paulus auf den Rüssel.
Doch der Paulus, auch nicht faul,
haut dem Petrus auf das Maul.

Die Tante Therese,
ißt gar zu gern Klöße,
sie macht happ, happ,
kriegt keiner was ab!

Backe, backe Kuchen,
der Bäcker hat gerufen:
Wer will guten Kuchen backen,
der muß haben sieben Sachen:
Eier und Schmalz, Zucker und Salz, Milch und Mehl,
Safran macht den Kuchen gehl.

Husse bussee! Dat erste Jahr twee,
dat anner Jahr noch en Paar,
geiht de Weege immerdar,
husse bussee!

Vögel, die nicht singen,
Glocken, die nicht klingen,
Pferde, die nicht springen,
Pistolen, die nicht krachen,
Kinder, die nicht lachen,
was sind das für Sachen?

Schlaf, Püppchen, schlaf!
Da draußen gehn die Schaf,
die schwarzen und die weißen,
die woll`n mein Püppchen beißen,
die braunen und die gehlen,
die woll`n mein Püppchen stehlen.
Schlaf, Püppchen, schlaf.

Bitte, bitte Broot,
mien Vadder sleiht mi doot,
mien Mudder lett mi läben,
alle Lüd, dei mi wat gäben,
will ik in den Himmel bäden.

Suse, lewe Suse,
wat rasselt in`t Stroh
Dat dauhn de lütten Gössings,
de hebben keen Schauh!
De Schauster hätt keen Ledder,
keen Leisten dortau,
drüm danzen de lütten Gössings ock ümmer ohn´ Schauh.

Freu dir, Fritzchen,
freu dir, Fritzchen,
morgen gibt`s Selleriesalat!
Dienstag Erbsen,
Mittwoch Bohnen,
Donnerstag Selleriesalat!

Sauerkraut und Dill, Dill, Dill,
kocht meine Mutter vill, vill, vill.
Wer das Sauerkraut nicht will, will, will,
kriegt auch keinen Dill, Dill, Dill.

Annemariek het alles verkloppt,
Kaffeepott un Unnerrock,
Annemariek het gor nix mehr,
Annemariek is schlecht dran,
Annemariek kricht in ehr Leben keen Mann.

Ob lütten Fisch,
ob groten Fisch,
am besten schmeckt de Boors,
un wenn du mi datt nich gläuben wist,
dann lick mi doch an`n Noors!

Sauerkraut und Rüben,
die haben mich vertrieben.
Hätt meine Mutter Fleisch gekocht,
so wär ich bei ihr blieben.

Der Hering ist ein salzig Dier,
er kommt an vielen Orten für,
er geht des Abends in die Stadt
und macht die alten Weiber satt.

Heinrich, Heinrich, pell Kartüffeln,
Heinrich, Heinrich, stipp in`t Fett,
Heinrich, Heinrich, solten Hiring,
Heinrich, Heinrich, dat smeckt nett.

Eia! Eia! Ostern ist da!
Fasten ist vorüber, das ist mir lieber,
Eier und Wecken, viel besser schmecken.
Fasten ist vorüber, das ist mir lieber.

Eia! Eia! Ostern ist da!
So sprach der Pastor Schwerenot:
Wasser und Brot macht Wangen rot.
Doch Brot und Wasser machen blasser,
aber Butterbröter, die machen sie wieder röter.

Danz mi mal den Fidelfumfei,
Fidelfumfei, mien Schwager!
Wer is hier in dissem Kranz,
de mi kann behagen?
Krischan Meyer, mien bester Fründ,
krieg mi achter bin Kragen.
Kunt he nich, so haal ik een
met twe beslagnen Wagen.

Ein lütt' Trinklied nach Peter Hahn
Sü so, har ick man`nen lütten ...,
har ick man`nen lütten ...,
har ick man`nen lütten ...
sü so, har ick man`nen lütten ...
har ick man`nen lütten Sluck.
Wenn se all ein`n hem`,
möcht ick ock ein`n hem,
dat ick gor kein`n mach,

kann ick ock nich seggen!
Sü so, har ick man`nen lütten ...,
har ick man'nen lütten Sluck! ... Prost!
nach Peter Hahn

Ting ting Tellerlein,
wer sitzt auf diesem Throne?
Kaiser, König, Töchterlein
mit sieben jungen Kinderlein.
Was ißt sie gern,
was trinkt sie gern?
Champagnerwein mit Zucker drein.

Freu dich Liesel,
wirst gebürst,
morgen kommt die Tante,
bringt ein Sack voll Leberwürst
und die Musikante!

Heideldum, didel,
Krischan mit de Fiedel,
Korl mit de Fleit,
wie dat schön geiht!

Hinnrich, Hinnrich Päpersack,
gah na de School
un liehr ihrst wat,

kümmst du to Huus
un weest denn nicks,
gifft dat´n
düchtigen Puckel vull Wichs.

Brüderchen, komm tanz mit mir.
Beide Hände reich ich dir.
Einmal hin und einmal her,
rundherum, das ist nicht schwer.

Ei, das hast du fein gemacht,
drum wirst du auch nicht ausgelacht.
Einmal hin und einmal her,
rundherum, das ist nicht schwer.

Ringelreihen-Spiele

Ringel, Ringel, Reihe,
wir sind der Kinder dreie,
tanzen unterm Hollerbusch – schreien alle
husch, husch, husch.

Ringel, Ringel, Rosen, schöne Aprikosen,
Veilchen und Vergißmeinnicht –
alle Kinder setzen sich.

Maikäfer flieg!
Der Vater ist im Krieg.
Die Mutter ist im Pommerland,
Pommerland ist abgebrannt.
Maikäfer flieg!

Es regnet, Gott segnet, die Erde wird naß.
Wir sitzen im Trocknen, was schadet uns das. –
Mairegen bringt Segen und werden wir naß,
dann wachsen wir munter, wie Blumen im Gras.

Gah von mi, gah von mi,
ick mach di nich seihn,
kümm tau mi, kümm tau mi,
ick bün so allein.
Fiderallala, Fiderallala,
kümm tau mi, kümm tau mi,
ick bün so allein.

Kinderreigen: Die Kinder bilden einen Kreis, in der Mitte steht ein Kind und singt das Lied und zeigt dabei mit dem Zeigefinger auf ein Kind seiner Wahl, das sich zu ihm in den Kreis begibt. Die zwei Kinder tanzen, sich gegenüberstehend mit den Armen eingehakt, und singen die letzten drei

Zeilen »Fiderallala ..., ick bün so allein!« Die Kinder im Außenkreis tanzen angefaßt um die beiden tanzenden Kinder herum. Jetzt hat das hereingeholte Kind zu dem ersten Mitspieler im Kreis zu sagen: »Gah von mi, gah von mi, ick mach di nich seihn ...« usw., es holt sich jetzt ein anderes Kind seiner Wahl zu sich in die Mitte, und das Spiel wiederholt sich von vorn.

Es reiten drei Herren,
sie reiten nach Polen und wollen Geld holen.
Galopp, galopp, galopp!

Kniereiterspiel, langsam beginnend, immer schneller werdend

Hoppe, hoppe Reiter,
wenn er fällt, dann schreit er,
fällt er in den Graben,
fressen ihn die Raben,
fällt er in den Sumpf, macht der Reiter plumps.

Kniereiterspiel, langsam beginnend, immer schneller werdend

Ziehe durch, ziehe durch,
durch die goldene Brücke,
sie ist entzwei, sie ist entzwei,
wir wollen sie wieder flicken.
Womit, womit? Mit Salz oder Schmalz?
Der Erste kommt, der Zweite kommt,
der Dritte soll gefangen sein.

Die zwei Kinder, die die »Goldene Brücke« bauen (die Kinder stehen sich gegenüber, halten sich an den Händen und bilden einen hohen Bogen), beraten vor dem Spiel, wer von ihnen die Hölle und wer den Himmel symbolisiert. Jeder dritte Spieler, der gefangen wird beim Durchlaufen der »Goldenen Brücke«, muß sich entscheiden, hinter welchen Brückenspieler er sich stellen möchte, ohne zu wissen, wer wen darstellt. Sind beim Spiel alle Kinder gefangen, kommt die Auflösung: die Kinder rufen laut, z.B. rechts stehen die Teufel, links stehen die Engel! Die Engel werden geloben und gewogen zum Himmel hinaus! – »Die Goldene Brücke« wiegt die Mitspieler auf verschlungenen Händen hin und her und dann mit Schwung in den Himmel hinaus! Die Teufel kommen zwischen die angefassten Hände und werden hin und her gerüttelt und geschüttelt und mit Schwung in die Hölle hineinbefördert!

Ri-ra-Rutsch, wir fahren mit der Kutsch

Komm wir wollen wandern, von einer Stadt zur andern.
Liegt ein Kreuzer auf dem Tisch,
zahl ihn, wer ihn schuldig ist.
Ri - Ra - Rutsch, wir fahren mit der Kutsch

Ri - Ra - Rutsch, wir fahren mit der Kutsch!
Wir fahren mit der Schneckenpost,
wo es keinen Pfennig kost´!
Ri - Ra - Rutsch, wir fahren mit der Kutsch!

Ri - Ra - Rutsch, wir fahren mit der Kutsch,
wir fahren mit der Eisenbahn,
hängen lauter Mädchen dran!
Ri - Ra - Rutsch, wir fahren mit der Kutsch.

Ri - Ra - Rutschika, wir fahren nach Amerika,
und wenn das große Wasser kommt,
dann kehren wir wieder um.

Jeweils zwei Kinder fassen sich mit überkreuzten Händen an – wie beim »Mühle drehen« – und ziehen sich beim Singen hüpfend gegenseitig seitlich hin und her. Nach den letzten Worten des Liedes »)... kehren wir wieder um«, stehen sie sich, weiter angefaßt, aber nicht mehr mit gekreuzten Armen, gegenüber, schwenken die Arme übermütig hin und her, heben sie hoch, drehen sich mit Schwung dabei um 180°, kommen Rücken an Rücken und wieder in die Ausgangs-stellung zurück, ohne die Hände loszulassen.

Gruselnd, flüsternd im Dunklen erzählt:

Die Geschichte der Frau Mummerei

Frau Mummerei wohnt

in einem dunklen, dunklen Wald

und in dem dunklen, dunklen Wald,

da steht ein dunkles, dunkles Haus

und in dem dunklen, dunklen Haus,

da ist ein dunkles, dunkles Zimmer

und in diesem dunklen, dunklen Zimmer,

da steht ein dunkler, dunkler Tisch

und auf dem dunklen, dunklen Tisch,

da liegt ein dunkles, dunkles Buch

und in diesem dunklen, dunklen Buch, da steht ...
- Erschreck Dich nicht - !!!

Uralte Abzählreime
für Greifsuchspiele aus Urgroßmutters Zeiten

Eins, zwei Polizei,
drei, vier Offizier,
fünf, sechs alte Hex,
sieben, acht gute Nacht,
neun, zehn Schlafen gehn –
es kommt `ne Maus und du bist raus!

Auf einem Klavier, steht ein Glas Bier,
wer davon trinkt, der stinkt.
Geh raus und stink dich aus –
komm wieder rein, du bist ein Schwein –
Eins, zwei, drei und du bist frei!

Eene, meene,
micken, macken, eene Fru,
de künn nich kacken,
puurt een Lock,
un scheet `nen groten Hieringskopp.
Hieringskopp füng an tau schnacken,
alle Lüüd bescheeten sick de Hacken!
Eene, meene, meck
un du büst weg!

Max und Moritz stehen vorm Laden,
wollen für`nen Sechser Käse haben.
Für`nen Sechser Käse gibt es nicht,
Max und Moritz prügeln sich -
kommt die Polizei, macht sie wieder frei!

Engel Bengel Backbeerenstengel,
Rosenring, Königskind,
bookstafieren, samulieren,
puff puff paff, du büst af.

Ene bene subtrahene
divi davi domino,
Eck, Speck, Dreck
und du bist weg.

Pau..., Pauline, Apfelsine,
Apfelkuchen,
du mußt suchen.

Eine meine Tintenfaß,
Regen macht den Pudel naß,
Sonne macht ihn trocken,
mach dich auf die Socken,
eine meine maff, du büst af.

Pups und Spinne
gingen in den Wald,
da wurden dem Pups die Beene kalt,
da macht die Spinne Feuer an,
damit der Pups sich wärmen kann,
da kam een Polizist und
steckt sie in die Kist`.
Da kam die Polizei und
macht sie wieder frei!
Eene, meene, maff und
du büst af.

Eins, zwei, drei, vier Eckstein,
alles muß versteckt sein,
hinter mir und vorder mir,
gibt es nicht,
eins, zwei, drei,
ich komme!

In einer ganz famosen Küche,
da geht es ganz famose zu,
da tanzt
ein ganz famoser Ochse
mit einer ganz famosen Kuh.
Eckchen, Beckchen,
Silberkleckchen!... Ab bist du!

Mien lütt Diern mit'm roden Rock,
frag dien Mudding, wat is de Klock,
Klocken de sünd Teiden (Zehn),
Mudding geiht tau'm Reihden (Nähen),
Badding geiht up'm Börn (Boden) und
süppt een groten Kööm!
Proost!
nach Rudolf Peters – Rethwisch/Börgerende

Total verdreht

Tirall, tirall,
ein nackter Pferd galoppiert
durch die Wall!
Hieh macht der Pferd sein Maul
und
springt über
das Hühnerstall sein Dach!
Tirall, tirall!

Ene mene ming mang, kling klang,
ose pose packe dich, eia weia weg.

Volksglauben – Aberglauben, Heilsprüche

Geister und Hexen
Aberglauben in den »Zwölften«

Besonders die Wintermonate sind in unserer Küstenregion um den Jahreswechsel häufig von starken Stürmen geprägt. Wind fegt, nicht selten von Sturmfluten begleitet, über das Küstenland.
Rauhnächte oder »Zeit der Zwölften«, so werden die Tage zwischen Heiligabend und dem Dreikönigstag am 6. Januar genannt.
Im alten Volksglauben gaben sie mancherlei Dämonen Freiraum und schienen auch eine besondere Gefahr für Mensch und Tier zu sein. Der Glaube an die Existenz böser Geister ist seit dem Urbeginn der Menschheit lebendig.
Da ist die Rede von einem unheimlichen lauten Sausen und Brausen in der Luft, von bösen Geistern, die in dieser Zeit ihr Unwesen treiben.
Es hieß, daß in der Zeit der »Zwölften« Wodan, der höchste Gott, den unsere germanischen Vorfahren verehrten, in der Luft unterwegs war. Von weitem Mantel umweht, fuhr er auf weißem Rosse im Sturmgetöse durch die Lüfte – seinen gewaltigen Kampfspeer schwingend und von seinem Gefolge und dem Getümmel seiner Hunde begleitet. Wehe demjenigen, der seinen Weg kreuzte und ihn hinderte. So wurde

in der Zeit vom 24. Dezember bis zum 6. Januar keine Wäsche gewaschen und im Freien zum Trocknen aufgehängt, denn es konnten sich die Hufe seiner Pferde in der Wäscheleine verfangen. Wodan war oft boshaft, zur Strafe schickte er im neuen Jahr den Tod über ein Familienmitglied.

Des weiteren erzählte man, wenn jemand in den »Zwölften« stirbt, werde er zwölf Menschen aus der näheren Umgebung nach sich ziehen.

Von einheimischen Dorfbewohnern wurden tatsächlich Todesfälle in diesem Zusammenhang mit abergläubischem Abwarten und Erschauern registriert – trotz aller Vernunft, denn es könnte ja doch etwas Wahres an dieser heidnischen Überlieferung sein.

Dieser Gott Wodan wurde wiederum in Pommern auch Wod, Wode, Wodke, Waur, Wor und Waud sowie »Der Alte« oder »Weißer Jäger« genannt, in Vorpommern heißt er »Hackelberg«, auf Rügen »Nachtjäger«, in Hinterpommern spricht man vom »Wilden Jäger« oder auch von der »Wilden Jagd«. Auch der »Wilde Jäger« kam hoch zu Roß mit seinem Gefolge durch die Lüfte geritten.

Die zwölf Rauhnächte galten auch als Lostage für den Verlauf der nächsten zwölf Monate des neuen Jahres und waren angefüllt mit Zauberriten, Orakeln und Beschwörungen.

Während der Rauhnächte herrschten, neben dem Waschverbot, auch etliche andere Arbeitsverbote. Man durfte nicht spinnen, düngen oder backen, wollte man Drud und Hex nicht ungnädig stimmen.
»Glück herein, Unglück hinaus« – mit derartigen Sprüchen räucherte man Hof, Stall, Scheuer und Schlafkammern aus, damit alles Unglück und jede Krankheit entweiche. Hinzu kam vielerlei Abwehrzauber: Man deckte die Brunnen ab, sperrte das Vieh in den Stall, verschloß das Haus, verklebte Schlüssellöcher und hütete sich davor, irgend etwas zu verleihen, um sich nicht mit dem weggegebenen Gegenstand zugleich einer fremden Macht auszuliefern. Es wurden gekreuzte Nähnadeln über dem Türeingang von innen versteckt angebracht, so hatte keine böse Macht Eintritt in das Haus – sie käme nicht über die Türschwelle.
Die Nacht vor Dreikönig war nicht nur die letzte, sondern auch die gefürchtetste aller Rauhnächte. Das Totenheer, Teufel, Geister und Hexen tobten noch einmal unbändig durch die Finsternis, bevor sie als Verkörperung des Bösen und des Winters ihre Wirkung verloren.
Auch Frau Waud (eine alte heidnische Gottheit) war in der Zeit der »Zwölften« unterwegs in den Lüften.
Professor Wossidlo machte beim Sammeln alter Volksüberlieferungen eine seltsame Entdeckung. Wiederholt

berichteten die Bewohner der Heidedörfer Überliefertes, als hätten sie es selbst erlebt: »Dor güng ick mal nachts dörch dat Dörp, un mit einmal brust dat dor baben, un wie ick hoch-kiecken ded, dor säh ick Fru Waud mit de gälen Hunn achter an jagen.«

Unsere Vorfahren kannten aber auch Mittel zur Vertreibung der unheimlichen Vorgänge. So legte man einst am Heiligen Abend einen Schilling in die Trinkgefäße der Tiere, der bis zu Neujahr nicht herausgenommen werden durfte und dann im neuen Jahr in den Klingelbeutel der Kirche geworfen wurde.
Entgegen vieler Verrichtungsverbote gab es wiederum Tätigkeiten, die segensreich sein sollten, wie das Dreschen von Saathafer oder das Fegen von Haus und Hof.
Dabei sagte man besondere heilige Sprüche auf.
So gab es auch Garbenleger, die erste Garben von dem Felde unter absonderlichen Worten so in die Scheune legten, daß Wiesel und Mäuse nur in diese kriechen, alle anderen aber verschonen sollten.
Die Bauern ließen solche Methoden zu, um wertvolles Korn zu retten. (Ch. Madaus)

Heilsprüche aus der Volksmedizin;
entnommen aus dem Büchlein von Christian Madaus »Püstern in Mecklenburg«

Mit »Guten Morgen Herr Flieder ..., grüßte man den Holunder ...«, den treuen Heimgesellen der Alten in vorgeschichtlicher Zeit, den Medizinbaum unserer Vorfahren, von dem jeder Teil den Menschen nützlich schien, wie Blatt und Blüte, Rinde und Mark, Wurzel und junger Schößling.
An Leib und Leben ging es demjenigen, der gegen ihn die Axt erhob. Bei ihm fühlte man sich sicher vor Mückenstichen und Schlangenbiß.
Im 17. Jahrhundert trat noch manch gelehrter Arzt vor ihn, entblößte sein Haupt und sprach nach alter Sitte:

»Vor dem Holunder ziehe ich den Hut«.

Bis heute noch schwört man auf den guten alten heilbringenden Holundersaft und den Holunderblütentee bei Erkältungen.

Zu den kostbaren Volksüberlieferungen, die auf vielfältige Weise das Leben und Denken der Menschen widerspiegeln, gehören nicht zuletzt die Heil- und Zaubersprüche, jene eindrucksvollen Beispiele unserer Volksdichtung. Trotz Verteufelung durch die Kirche über Jahrhunderte hinweg

haben sie sich als Handwerkszeug der Spökenkieker, des »Püsterkierls« oder der »Püsterollsch« in vielerlei Form erhalten.
Besonders in den Dörfern und Kleinstädten findet der alte Volksglaube, der sich dort ohnehin am längsten gehalten hat, wieder zunehmende Beachtung. Wenn die moderne Medizin nicht helfen kann, so hilft oftmals das »Püstern« (Besprechen). Gegen den Herpes-Virus (Rose)-Gürtelrose ist kein Kraut gewachsen und die Kokken-Infektionen (Warzen) sind nach wie vor eine Domäne der »Spökenkieker«.

»Gepüstert« wurde:

Wenn einer »De Ros« hätt:
»Rose Marie und Christi Blut ist für die Rose gut.
Im Namen des Vaters, des Sohnes ...«

Gegen den Brand wurde folgender Heilspruch verwendet:
»Ick still den kollen Brand
mit kollen Mannes Hand,
mit kollen Mannes Hand
still ick den kollen Brand.
Im Namen des Vaters, des Sohnes ...«

Auch gegen Halsschmerzen wußten die »Püsterer« einen Spruch:

»Fif Finger holt fast,
Hartspann, de bast (vergeht).
Im Namen des Vaters ...«

Wenn einer an Mundfäule litt, wendete man nachfolgenden Heilspruch an:
»Hierut süppt Kauh, Pierd, Swien und Hund
un hiermit still ick die den Swamm ut den Mund«
Während der »Püster« den Spruch aufsagte, stippte er den Finger in einen Eimer Wasser, der aus dem Pferdestall kam, und legte den angenäßten Finger auf die Zunge des Kranken.

Bekannte Warzenrezepte aus der Volksmedizin:
Mit einer angeschnittenen Zwiebel oder Kartoffel
über die Warze streichen und
diese dann in die Erde eingraben.

Um Mitternacht bei Vollmond
den Saft von Löwenzahn
über die Warzen streichen und sich vorstellen,
wohin die Warzen wandern werden ..., oder
eine schwarze Schnecke über die Warzen laufen lassen.

Dreimal bei zunehmendem Mond folgenden Spruch aufsagen:

»Was ich ansehe (Mond anschauen), gewinnt,
was ich greife und berühre, verschwind.
Im Namen des Vaters ...«

Gegen Flechten und Warzen hatte man auch folgenden Spruch:

Hier stah ick wie de Wied (Weide) –
de Wied und de Flecht, de strieden sich üm't Recht!
De Wied gewünn, de Flecht verschwünn.
Im Namen des Vaters ...«

Der Glaube versetzt bekanntlich Berge, die Selbstheilungskräfte werden angeregt, denn wenn nichts mehr hilft, suchen viele Menschen Zuflucht in Heilmethoden, deren Wirkung wissenschaftlich nur schwer nachweisbar ist. Z.B. haben Warzen eine Spontanheilungsrate von 60 bis 70 % innerhalb von drei Monaten. Sie verschwinden also oft einfach von selbst wieder. Ob es nun das Besprechen war oder die Warze auch so abgeheilt wäre, läßt sich deshalb nur schwer entscheiden.

Stillen und Besprechen war immer eine heimliche Angelegenheit und gerade deshalb, weil es so geheimnisvoll war, sollte es helfen.

Früher, und teilweise auch heute noch, lehnte die Kirche die Anwendung von Heil- und Zaubersprüchen ab, weil der Name Gottes gebraucht wurde. Dabei gab es auch Pastoren, die sich selbst im Notfall von einem Püsterkierl oder von der Püsterolsch helfen ließen. Derjenige, der vom Püsterer behandelt wurde, spricht nicht darüber, nur in ernsten Krankheitsfällen wird die Adresse eines Püsterers weitergegeben.

Ein weiterer Aberglaube entstand um den guten alten Kachelofen. Er war früher in Mecklenburg Mittelpunkt des Hauses, ihm wurde ein gewisser Zauber zugeschrieben (aus Kinderzeiten kennt man es noch, das gewisse Bullern, Knistern und Heulen, wenn der Sturm um den Schornstein tobte), er hatte etwas Mystisches an sich, besonders wenn das Wetter draußen ungemütlich und stürmisch war. Wenn ein Familienmitglied erkrankte, kniete man vor ihm nieder, betete und sagte seine Wünsche auf. Dieser Glaube ist aber kaum noch bekannt. Aus jenen Zeiten ist folgender Spruch beim Pfandauslösen in diesem Zusammenhang aber noch in Erinnerung gebracht worden:

»Aben, Aben, ick bädd die an, giwst du mi keinen gauden Mann, bäd ick die in Lewen nich wedder an.«

Aberglauben im eigenen Sinne:
Früher wie auch heute wurde oft zu gern ein kräftiger Schluck aus der Schnapsbuddel genommen, denn die Leute handelten und handeln wohl heute noch nach dem alten mecklenburgischen Spruch:

Lung und Läwer leech in Spiritus,
denn bruks Du keinen Doktor
und Kreisphysikus.
Dat Hinnerpuurt lat apen stahn,
denn kann de Doktor wieder gahn.

nach Ch. Madaus, »Püstern ...«

Religiöse Feste, Volksbräuche, Spökerie ... und über Märchen und Sagen

aus Mecklenburg und Vorpommern

Religiöse Feste, Volksbräuche, Aberglauben und »Spökerie« in M-V

Das Pommersche Julklapp

Ein Volksbrauch, der sich hauptsächlich auf Vorpommern beschränkte: Am Weihnachtsabend poltert jemand ins Haus, reißt die Tür mit dem Ruf »Huch Julklapp!« auf und wirft ein mehrfach umwickeltes Paket in die Stube. In der letzten Hülle ist ein Scherzgeschenk verborgen, das auf einen anderen Empfänger lautet als den, der auf den äußeren Hüllen vermerkt ist. Dieser Brauch, so nimmt man an, stammt aus Schweden.

Nikolaustag

Am 6. Dezember ist Nikolaustag. Nikolaus ist ein volkstümlicher Heiliger, in der Weihnachtszeit ist er der populärste.

Im 11. bis 16. Jahrhundert wurden ihm mehr als 2200 Kirchen geweiht. Besonders in der Küstenregion, so auch in Mecklenburg-Vorpommern, gehört St. Nikolai zu vielen Stadtbildern. Er gilt als allgemeiner Helfer: er befreite

Gefangene, rettete Menschen aus Todesgefahr, so z.B. Schiffe aus Seenot, half den Armen und vor allem den Kindern. An seinem Namenstag, dem 6. Dezember, gilt Nikolaus natürlich ausschließlich als Gabenbringer.

Weihnachten

Am 1. Advent beginnt die Vorweihnachtszeit – der Name Advent stammt von »adventiat«, was soviel bedeutet wie »er wird kommen«.
Zum Sinnbild der Adventszeit ist der Adventskranz mit seinen 4 Kerzen geworden. Dieser Brauch wurde 1839 von dem Hamburger Theologen Hinrich Wichert erfunden.
Er war Begründer der Inneren Mission und Leiter der Erziehungsanstalt »Rauhes Haus« in Hamburg. Er kümmerte sich um Kinder, die in großer Armut lebten. Um ihnen die Wartezeit bis Weihnachten zu verkürzen, baute er einen Holzkranz, der mit Tannenzweigen geschmückt wurde und stellte 19 kleine weiße Kerzen für die Wochentage und vier große rote Kerzen für die Sonntage darauf.

Der Weihnachtsbaum

Der Weihnachtsbaum ist im Laufe der Jahrhunderte einem großen Wandel unterlegen. Früher wurden Pellkartoffeln mit blankem Papier beklebt, sie dienten zusammen mit blankgeriebenen roten Äpfeln und Nüssen als Baumschmuck. Als nahrhaftes Beiwerk wurden einfache oder bemalte Haas- oder Kinnjespoppen (Hasen- oder Kind-Jesus-Puppen) aus Semmelteig mit Mehl und Wasser an den Zweigen befestigt. An den Baumspitzen prangten vielfach aus Teig gefertigte Figuren. Aus Bienenwachs, Schlachtfett und Flachs gedrehte »Schläpkatten« (Schleppkatzen) an den Ästen dienten als Lichter. Aus Sparsamkeitsgründen leisteten sich viele Familien nur eine Kerze. Bei den Gutsbesitzern, Bauern und wohlhabenden Bürgern ging es nicht so schlicht zu. Ihr Baumschmuck bestand aus Würsten, süßen Naschereien sowie Feigen und anderen Früchten aus fremden Ländern.

Ende des 19. Jahrhunderts verdrängten bunte gläserne Kugeln mit und ohne Malereien und Dekorationen, Lametta, Papier- und später Plastikengel, -tierchen und -sterne die Kinnjespoppen und Schläpkatten. Weihnachten ist mit dem christlichen Glauben verbunden. Doch die Botschaft von der Geburt Jesu war im heidnischen Germanien unerwünscht.

Viele Missionare, die aus Rom kamen, wurden deshalb einfach erschlagen. Etwa der Heilige Bonifazius im 8. Jahrhundert. Die Botschaft, daß der Welt ein Erlöser geboren war, verbreitete sich trotzdem unaufhaltsam in ihrem Gebiet und damit auch die Bedeutung von Weihnachten als Fest.

Die Germanen feierten vorher ihr »Julfest«. Wahrscheinlich wurde es gefeiert mit Feuer und Festmahl – Ende Februar, wenn die Sonne wieder an Kraft gewinnt.

Doch um 1200 setzte sich auch Weihnachten immer mehr durch. Der Name stammt aus dem Mittelhochdeutschen und bedeutet »zu den geweihten Nächten«.

Silvester

Das Fest zum Jahreswechsel am »Olljohrsabend«. Nach Überlieferungen wurde in Mecklenburg, so z.B. in Warnemünde, das neue Jahr begrüßt mit »Prost Niejohr!« und das alte Jahr verabschiedet mit »Schiet up't Olljohr!«. Der Silvesterabend war seit jeher kein so besinnlicher wie der zu Weihnachten. Das alte Jahr spielte keine Rolle mehr, jetzt ging es um die Zukunft, um das Neujahr und was es wohl bringen werde – man »orakelte« gern. Das Bleigießen ist so eine alte Tradition des Orakelns. Aus den entstandenen

Figuren las man heraus, was das »Niege Johr« bringen werde. Aber da gab es auch viele Verbote für den »Olljohrs-abend«, damit man auch ja kein »Maless« bekommen sollte, wie da waren: »keen Wäschelien up'n Boen baumeln laten, süst hangt sick noch een up. – Keen Geschirr zertöppern, dat Füer in'n Koek nich utgahn laten un keen Schiet in't Hus hem.« Wurde der »Schiet« ausgekehrt, mußte man sagen: »Nu man rut mit all de Lüüs un Schinn, un nah anner Lüd ehr Husdör rin«.

Da gab es dann noch das traditionelle Fischessen zu Silvester, es sollte Glück bringen, das heißt, man mußte sich unbedingt eine Schuppe in sein »Pottemonee« stecken, denn es hieß: »dunn ward dat nie nich leddig«. – Wer möchte daran nicht glauben!

Dorsch gekocht mit Petersiliensauce oder mit klarer Butter war das Traditionsessen am »Olljohrsabend«. Punsch, Pfannkuchen, Schmalzkuchen, Heißwecken in Milch und Fastlobendstuten (ein Hefegebäck, bei dem zwei Stücke Teig über Kreuz geformt und mit Zucker bestreut wurden – gab es zu Weihnachten, Silvester und zur Fastnacht) waren willkommene Leckereien.

Ein Brauch war es in Mecklenburg, auf einen Stuhl zu steigen und mit dem Zwölf-Uhr-Glockenschlag in das neue Jahr zu hüpfen. Danach wurde »angeprostet« und man wünschte sich gegenseitig Glück und Gesundheit. Dann ging es auf die Straße und »de Ballerjahns« konnten ihre »Larmmakers« (Krachmacher) in die Nacht schmettern. Der Ursprung der Lärmerei zu Silvester lag im Aberglauben. Früher glaubten die Menschen, mit viel Lärm und Getöse die Hexen und bösen Geister vertreiben zu können. Schrecken verbreiten, Lärm schlagen und Krach machen gehört zum ältesten Brauchtum in der Silvesternacht. Die Germanen nutzten in alten Zeiten Rasseln, Peitschen und Dreschflegel als Lärminstrumente. Im Mittelalter und auch noch später kamen Kirchengeläut, Pauken und Trompeten zum Einsatz. Mit der Verbreitung des Schwarzpulvers zeigten schließlich Böller und Gewehre das Jahresende an. Heute sind Raketen allgegenwärtig.

Glückssymbole

für das neue Jahr sind nach wie vor in Mode, so wie der Schornsteinfeger (er kam als Retter, wenn der Kamin verstopfte und das Essen nicht gekocht werden konnte), der Marienkäfer (ein Himmelsbote der Mutter Gottes, er beschützt Kinder und heilt Kranke, wenn er ihnen zufliegt), das vierblättrige Kleeblatt (den Christen schon galt es als Kreuzeszeichen, das den Teufel in die Flucht schlagen konnte), das Schweinchen (gilt als Symbol der Fruchtbarkeit und damit als Zeichen für Wohlstand), das Hufeisen (das Pferd steht für Kraft und Stärke – das Hufeisen sollte am besten über jeder Tür hängen, aber bitte mit dem offenen Ende nach oben, sonst fällt das Glück heraus) und der gute alte Glückspfennig (er ist Symbol für Reichtum – verschenkt man ihn, so wünscht man dem Empfänger, daß ihm nie das Geld ausgeht). Wer dem Orakel der Glücksbringer glaubt, der fühlt sich ein wenig sicherer, Glücksbringer haben einen positiven Einfluß auf das Unterbewußtsein und man weiß es ja, der Glaube versetzt Berge, und so ist es jedem selbst überlassen, ob er sich für oder gegen einen Glücksbringer entscheidet.

Am Neujahrstag gab es für die Kinder nochmals eine Freude, wenn sie den Weihnachtsbaum »plündern« durften – dann wurde alles Eßbare, insbesondere die Zucker- oder gar Schokoladenkringel aus Fondantmasse vernascht und somit fand das Fest sein glückliches Ende.

Fastnacht

Die unterschiedlichsten Bezeichnungen gibt es für die fünfte Jahreszeit (wenn die Narren los sind), diese Bezeichnung wird im Zusammenhang mit dem Karneval, der Fast-

nacht oder dem Fasching gebracht. Bei uns im Norden spricht man von der Fastnacht- oder Faschingszeit.
Alle Bezeichnungn haben gemein, daß sie sich auf die Zeit vor dem Beginn des Osterfastens beziehen. Ursprünglich waren sie auf die Wochen zwischen Dreikönig (6. Januar) und Aschermittwoch begrenzt. Der letzte Tag des närrischen Treibens ergibt sich aus dem Datum des kirchlichen Osterfestes, dem eine 40-tägige Fastenzeit vorausgeht, als Vorbereitung auf das Osterfest. Die Zahl hat symbolischen Charakter: Nach biblischem Zeugnis dauerte die Sintflut so lange und Jesus zog sich nach seiner Taufe durch Johannes für 40 Tage in die Wüste zurück, um zu fasten. Anfang des 19. Jahrhunderts wurde der Beginn der fünften Jahreszeit auf den 11.11. um 11.11 Uhr festgelegt.
Karneval stammt aus dem Lateinischen und bedeutet soviel wie »Fleisch, lebe wohl«. Er verweist auf die bevorstehende Fastenzeit. Der deutsche Begriff der Fastnacht leitet sich aus dem Vorabend zur Fastenzeit ab. Das Wort Fasching kommt von dem mittelhochdeutschen »vast-schanc«, was den Ausschank vor der Fastenzeit bezeichnet.
Die Fastnacht kommt mit weniger festgelegten Abläufen daher. Im Vordergrund steht dabei der Schabernack in Gestalt urtümlicher Kostüme.
So ist es auch in Vorpommern üblich, daß besonders die

Kinder sich als Hexen, Dämonen und Geister verkleiden und mit einem 3-ästigen Stock, an dem die Enden gespitzt wurden, von Haustür zu Haustür gehen und ihren Spruch aufsagen:

Hippel die Pippel,
die Wurst hat zwei Zippel.
Der Speck hat 4 Ecken ,
er wird uns wohl schmecken.

So bekamen die Kinder Gaben wie Wurst, Süßes, Heißwecken oder Äpfel an ihren Stock gehängt und dann zogen sie weiter durch das Dorf. Dies war insbesondere ein Brauch auf Rügen in der Gegend von Bruge. »Heitwecken in Melk« sind eine Traditionsleckerei, die bis heute noch zur Fastnacht in vielen Orten Vorpommerns zubereitet wird, ebenso wie die für diese Zeit gebackenen »Fastlobendstuten«, ein über Kreuz gelegtes Hefegebäck.

Ostern, das Frühlingsfest

Das Osterfest beginnt mit dem Gründonnerstag, es ist der Donnerstag in der Karwoche. Am Abend vor dem Todestag Jesu (dem Karfreitag) erinnert sich die Christenheit des sogenannten Abendmahls – das Abschiedsessen Jesus mit seinen engsten Vertrauten. Das »Grün« hat nichts mit der

Farbe zu tun, der Ausdruck leitet sich von »greinen«, althochdeutsch »weinen«, ab. Einer der bekanntesten Gründonnerstagsbräuche ist jedoch die Zubereitung einer grünen Fastenspeise. Beliebt war Spinat zu gekochten oder gebratenen Eiern. Bereits die Germanen aßen zu Ehren des Donnergottes Thor den »Gründonnerstagkohl« aus frischen Brennnesseln und Grünkohl.
Kinder, die am Gründonnerstag geboren wurden, hatten die Fähigkeit zum »zweiten Gesicht«, also die Gabe, Ereignisse der Zukunft vorauszusehen. Eiern, die an diesem Tag gelegt wurden, schrieb man magische Kräfte zu.

Karfreitag

Der Tag der Kreuzigung Jesu – »Kar« kommt vom altdeutschen Wort »chara« für Trauer und Buße. In den Kirchen sind die Kreuze verhüllt, Glocken und Orgeln bleiben still. – Karfreitag als Feiertag wird im Volksmund auf plattdeutsch auch »Stiller Fridach« genannt. Am Karfreitag durfte kein Alkohol getrunken und kein Fleisch gegessen werden, da standen traditionell Fischgerichte auf dem Speiseplan. Auch durfte man an diesem Tag nicht tätig werden, selbst das Karten spielen war nicht erlaubt, denn »dor sit de Düwel unner'm Disch« – un dat har nix Gaudes to bedüden, vor dem Düwel harr jeder bannig väl Angst und man fügte sich lieber. So hat sich zum Beispiel in Tessin (Mecklenburg), ein Bauer trotz Verbot dem Kartenspiel gewidmet, der Teufel hat sich dazugesellt und mitgespielt. Als der Bauer das Spiel verlor, nahm ihn der Teufel mit und er verschwand auf ewig. Eine andere Überlieferung erzählt von einem Fischer, der trotz Arbeitsverbot am Karfreitag im Salzhaff gefischt hatte – es war sein Todesurteil, denn er ist samt Boot untergegangen und nie wieder gesehen worden.

Karsamstag

Nach Karfreitag wird die Kirche für das Osterfest wieder geschmückt, Kerzen werden aufgestellt und angezündet – das Licht für das neue Leben.

Ostersonntag

Das Fest des Lichts, die Auferstehung Jesus, wird in den Gottesdiensten gefeiert – so wie es auch im Glaubensbekenntnis gebetet wird: »... am dritten Tage auferstanden von den Toten ...«

Ostermontag

Er nimmt Bezug auf die Freude der Jünger nach der Auferstehung. Die Auferstehung ist das Zentrum des christlichen Glaubens – deshalb ist Ostern noch vor Weihnachten (Christi Geburt) das wichtigste Kirchenfest.

Osterbräuche

Ein alter, sehr lustiger Brauch ist das Osterstiepen. Er ist unter anderem auf der Insel Rügen sehr bekannt. Schon Wochen vor dem Fest wurden dazu Birkenreiser geschnitten und in Vasen vorgegrünt. Sie wurden zu Osterruten zusammengebunden, mit denen dann die Kinder, fröhlich gestimmt, durch lautes, eifriges Schlagen auf die Bettdecken (manchmal auch darunter) am Ostermorgen die Langschläfer in der Familie aus den Betten holten und dabei kleine Ostergaben einforderten.
Dabei sagten sie einen plattdeutschen Reim auf:

Stiep stiep Osterei,
giffst du mi kein Osterei,
stiep ik di dat Bedd entwei ...,
es gab auch andere Varianten wie:
stiep ik di dat Kleed, oder Hemd oder gar:
... den Noors entwei!

Als Fruchtbarkeitszauber sollte die Lebenskraft der frischen Pflanzentriebe auf die Mädchen übertragen werden, indem die Burschen den Mädchen mit den Ruten einen Schlag auf das Hinterteil gaben.
In der Gegend um Graal, Neuhaus und Müritz gingen die Kinder um Gaben bittend mit dem »Rummelpott« umher, das war ein Topf, der mit einer Schweinsblase bespannt war und in dessen Mitte ein Stock gesteckt wurde – durch Drehen des Stockes erklang ein rummelndes Geräusch.
Wundersame Heilkräfte und segensreiche Wirkungen sagte man dem Osterwasser nach, daß am Ostermorgen vor Sonnenaufgang von jungen Frauen und Mädchen aus fließendem Quellwasser geschöpft wurde. Es durfte jedoch auf dem Heimweg nichts verschüttet werden, auch durfte nicht gelacht oder gesprochen werden, sonst verlor es seine Heilkraft. Die jungen Burschen versuchten durch Neckereien, Spaß und Spielchen die jungen Mädchen zum Lachen und Reden zu bringen, für sie war dieses Ritual der reinste Spaß. Wer sich dann mit dem Quellwasser zu Hause wusch, versprach sich jugendliche Schönheit und Gesundheit, es sollte gegen Hautunreinheiten und Krankheiten wirken. Selbst das Vieh tränkte man damit und versprühte es auch im Garten für eine segensreiche Ernte.
Ein Brauch für den Schutz gegen Krankheiten war der

Verzehr eines Apfels auf nüchternen Magen am Ostermorgen. Sein Genuß sollte bewirken, daß man das ganze Jahr über von Krankheiten verschont blieb. Heute ist dies immer noch ein Ritual in vielen norddeutschen Familien.
Zu den schönen alten Bräuchen gehört das Eiersuchen am Ostermorgen, besonders für die Kleinen, die es voller Freude kaum erwarten können, die Nester zu suchen, die in Haus und Garten vom »Osterhasen« versteckt wurden.
Ei und Hase galten im Mittelalter als Fruchtbarkeits-Symbole. Der Hase bringt als erstes Tier nach dem Winter Junge zur Welt. Deshalb sahen ihn die frühen Christen als Sinnbild der Auferstehung Jesu. Zu Ostern verschenkte man zunächst nur rote Eier, die Farbe stand für das Blut Christi. Später erst wurden die Eier bunt bemalt.
Eier gehören auch heute noch am Ostermorgen zum Frühstück, aber alte Überlieferungen haben dabei kaum noch Bedeutung. In heidnischer Zeit galt das Ei ebenfalls schon als Symbol der Fruchtbarkeit und des neuen Lebens – und wünschte man sich in der Familie einen Sohn, so gab man Ostern der jungen Frau am Karfreitag gelegte Eier zu essen – eine Garantie für einen »Stammhalter«.
Durch das Rollen gekochter bunter Eier auf dem Ackerland sollte die Fruchtbarkeit des Eies auf das Feld übertragen werden, um so eine reiche Ernte zu sichern.

Mit dem Brauch des »Eierklopfens« (zwei Mitstreiter hielten ein hartgekochtes Ei so in der Hand, daß nur die Eier-Kuppe noch etwas herausschaute – dann wurden die Eier-Kuppen solange gegeneinander geklopft bis eine eingeschlagen war) oder des »Eiertrudelns« (das gekochte Ei wurde einen Abhang herunter getrudelt und durfte nicht zu Schaden kommen) wurde am Ostersonntag der Eierkönig ermittelt – ein besonderer Spaß für die Kinder und Jugendlichen. Derjenige, dessen Ei auch die Endrunde unversehrt überstand, war der Eierkönig. Auch das Eier-Wettessen erfreute sich großer Beliebtheit.

Pfingsten

Mit dem Pfingstfest schließt sich der Osterkreis, es ereignet sich 50 Tage nach Ostern und ist das Fest des Heiligen Geistes. Der Name Pfingsten leitet sich von dem griechischen Wort »pentekoste«, der Fünfzigste, ab. In seiner ursprünglichen Bedeutung weist er auf den zeitlichen Abstand zu Ostern, nämlich 50 Tage, hin. Durch den variablen Ostertermin variiert auch Pfingsten zwischen dem 10. Mai und dem 13. Juni.
Als kirchlicher Feiertag wird Pfingsten als Fest der Aussendung des Heiligen Geistes und damit als Gründungs-

termin der Kirche begangen. Wie zu Weihnachten und Ostern entstanden auch zu Pfingsten Bräuche, die heute aber fast aus unserem Alltag verschwunden sind.

Ein Brauch zum Pfingstfest, der noch in der 1. Hälfte des 20. Jahrhunderts allgemein verbreitet war, ist der des »Ausmaiens«. Häuser, Stallungen und Hoftore wurden mit grünen Birkenreisern geschmückt und überall waren mit Maiengrün und Flieder geschmückte Pferdewagen unterwegs. Frauen trugen bunte Sommerkleider und einige Männer sogar einen schwarzen Zylinder zur Feier des Tages, denn den »Schappoklapp« trugen sie sonst nur zur Hochzeit oder zur Beerdigung. Aus Domsühl Mecklenburg ist um 1900 folgender Brauch bekannt:

Junge Burschen bauten auf dem Dorfplatz eine Laube aus Birkengrün, die von den Mädchen mit bunten Bändern geschmückt wurde. In der Nacht begann das Eier einsammeln durch die jungen Männer, sie trafen sich zum »Heischegang«.

Unter Vorantritt eines Harmonikaspielers ging es von Haus zu Haus, um sich von der Hausfrau einige Pfingstgaben, bestehend aus Eiern und Speck, zu erbitten.

In vielen Häusern waren die Türen noch verschlossen; doch der lustigen Gesellschaft zuliebe opferte man gern eine Stunde des Schlafes und öffnete die Tür, nachdem höflich mit folgenden Worten um Einlaß gebeten wurde:

»Frau Mutter, Frau Mutter,
mach auf die Tür.
Es stehen drei junge Gesellen dafür.
Sie wollen wohl tanzen –
dreimal um den Feuerherd herum.«
Auf dem Hausflur oder in der Küche bleibt der Zug stehen
und einer spricht folgende Worte:
»Gauden Dag in Jug Hus, Jug Deel is so rund.
Jug Deel is so holl und boll.
Achtteihn Eier gebn Ji uns woll,
achtthein Eier in uns Kiep,
Ji warrn selig un wi warrn rieck.
Weitn Ji ok wat hüt is?
Hüt is dat Pingsten!
Weitn Ji ok, wat jungn Gesellen hürt?
Eier un Speck, Mehl un Fett;
alls, wat Ji uns gebn willn.
Lang inne Höst,
stramm inne Böst,
taukum Johr willn wi wedderkamen
un de ollen Eier nahhalen.
Un wenn Ju uns kein Eier gebn,
denn hewwen wi nicks tau leben.«

Mit diesem Spruch und nach Empfang der Gaben, die alle Hausmütter reichlich spendeten, wurde ein Lied gesungen oder ein Ständchen mit der Harmonika als Dank dargebracht. So ging es von Haus zu Haus, war die Kiepe gefüllt, marschierte die ganze Schar nach dem Lusthause aus Birkengrün zurück, wo ein Vaterlandslied gesungen wurde. Auf Bitten der jungen Leute hat sich eine Hausfrau bereit gefunden, von den Gaben ein Frühstück zu bereiten, dem wacker zugesprochen wurde. Dann ging ein jeder nach Hause und legte sich zur Ruhe, um am Festnachmittag neu gestärkt zu sein. – Nach dem Gottesdienst am ersten Feiertag nachmittags versammelte sich die Jugend, jetzt auch die weibliche, im Lusthaus und unter Scherz, Gesang und mit Ballspielen verbrachte man den ersten Festnachmittag.
Die Alten tranken ihren Kümmel; das kleine Glas wanderte von Hand zu Hand. Nachdem zwischendurch die Tiere versorgt waren, ging das muntere Treiben abends weiter. Die Alten kegelten, sangen, tranken, lärmten und vergnügten sich immer noch, und die Jugend begann auf dem Rasen vor der Pfingstlaube zu tanzen.
In Parchim gingen die Hirtenknaben und Pferdejungen aus den Kämmereidörfern am Pfingstabend mit mächtigem Peitschenknallen durch die Straßen und erbaten sich dafür Gaben, die gemeinsam verzehrt wurden.

gehören zu den Pfingstbräuchen, die sich mancherorts bis heute erhalten haben bzw. wieder aufgelebt sind, wie z.B. auf dem Fischland in Prerow oder in Klockenhagen bei Ribnitz-Damgarten – hier findet dieses Fest in der heutigen Zeit jeweils am letzten Sonnabend im Juli statt.

Das Tonnenreiten oder Tonnenabschlagen hat in vielen Dörfern entlang der Ostseeküste eine lange Tradition. Es beginnt am Vormittag mit einem Festumzug und endet abends mit einem »Tonnenball«. Der Höhepunkt ist aber das besagte »Tonnenabschlagen« hoch zu Roß. Auf der Festwiese wird hierfür eine bunt bemalte Tonne zwischen stabilen Gebälkträgern in einer gewissen Höhe befestigt, die das Durchreiten ermöglicht. Dann wird sie von festlich geschmückten, waghalsigen Reitern mit einer mächtigen Keule beim Durchreiten zerschlagen. Das erfolgt unter viel Gejohle und Gegröhle. Es gewinnt dabei der »Bodenkönig«, das ist derjenige, der den Tonnenboden löst, dann der »Stäbenkönig«, derjenige, der die Stäben abschlägt, und dann der absolute Sieger, der Tonnenkönig, er ist derjenige, der es schafft, das Tonnenkreuz mit einem schwungvollen Keulenschlag herunter zu schlagen – dies ist der schwierigste Teil des Tonnenabschlagens, da das Tonnenkreuz

am höchsten hängt. Gefeiert wird mit viel Musik, Tanz, gutem Essen und natürlich mit ordentlich viel Bier und Köm bis in den Morgen hinein.
Es wird vermutet, daß die Form der Reiterspiele in der zweiten Hälfte des 18. Jahrhunderts, etwa 150 Jahre nach dem Ende des Dreißigjährigen Krieges, entstanden ist. Nach dem Abzug der schwedischen Truppen entfiel die Pflichtabgabe von Nahrungsmitteln. Mit der Übergabe der letzten Heringstonne an die Truppen wurde bei einem solchen Wettkampf eine Tonne kaputtgeschlagen.

Vatertag oder Herrentag

Gefeiert wird bis heute der Donnerstag vor Pfingsten (Himmelfahrt), der Tag gilt als Heimkehr von Jesus zu seinem Vater. Die heutige Form des »Vatertagfeierns« ist durch die sogenannte Herrenpartie geprägt, die immer sehr feuchtfröhlich zugeht. Für viele Menschen ist der christliche Glaube heute verloren gegangen, und so wurde der Himmelfahrtstag zum »Vatertag« reduziert.

Pingsten

Buten ward nu allens grön,
man kann dat Gras all wassen seh´n,
ok de Bökkn, Linnen, Barken.
Up de Koppel lopen Starken.
Un de Reh un Gös un Hasen
können wedder satt sich grasen.

In de Däk un in denn See
kam´n de Fisch all in de Höh,
Vögel singen in denn Brook
un de Bussard kreist nu ook.
Junge Pärchen ut de Stadt
söken sick in´t Gröne wat.

Un mi ward dat Hart so wiet,
Pingsten is´ ne schöne Tied.
Minsch wenn ick die raden kann,
kick die buten allens an.
Denn vergetst du diene Sorgen
un hest wedder Kraft för morgen.

Verfasser unbekannt;
Text nach Helene Münz, geb. Nielson - Insel Rügen

Erntebräuche

gibt es in Vorpommern unter verschiedenen Bezeichnungen. Man spricht von »Orklatsch« und »Austbier«. »Or« hängt mit dem Wort Ernte zusammen. Das Wort »Aust« bezieht sich auf den Monat August, die Zeit der Ernte. Wenn früher jemand von »Austtied« sprach, dann wußte jeder, was gemeint war, nämlich daß es hohe Erntezeit war, und besonders, daß der Roggen reif war. Es war eine der schwersten Zeiten des Jahres.

Mitmachen mußten alle, die Beine hatten, Bauer, Bäuerin, Knechte und Mägde, Alte und Kinder. Wenn alles abgemäht war, mußte sauber gebunden werden, um später die Garben zu Stiegen oder Hocken aufzustellen. Beim »Binden« kam der Bauer auf das Feld, wo ihm die Binderin ein Seil aus Ähren um den Arm band und sprach:

»Wir haben vernommen,
der Herr ist gekommen.
Wir wollen ihn binden
mit Ähren und Winden.
Das Band, es muß gelöset sein.
mit Trinkgeld oder Brannteweín!«

Auf Dorffesten wurde äußerst gerne getanzt, besonders beliebt war der alte Volkstanz der »Kegel«. Man tanzt ihn in vielen Dörfern am Tanzabend mindestens einmal. Dazu gehören vier Tanzpaare und ein neunter Tänzer.
Ein anderer beliebter Tanz war der »Bummelschottisch«.
Dazu wurde gesungen:

»Mudder Witsch, Mudder Witsch,
kiek mie eis an,
wur ich den Bummelschottschen
danzen kann!
Hack und Tehn dei sünd tau seihn.
Mudder Witsch, wo geiht dat schön.«

Was das Plattdeutsche betraf, so haben Ur-Usedomer berichtet, daß von Dorf zu Dorf das »Plattdeutsch« immer etwas anders gesprochen wurde. So wußte man sich an der Aussprache der Leute zu orientieren, wer aus welchem Ort stammte.
Zum Beispiel das Wort -Krüff-, es wurde auch mit Abwandlungen wie -Kröp- oder -Kröw- gesprochen und stand für -Futterkrippe-.
Ein anderes Beispiel ist der Maikäfer, der so ausschließlich in verschiedenen Mundarten in ganz Pommern, zwischen

Peene und bis über Köslin hinaus, genannt wird. Laubkäfer – diese Bezeichnung hört man dagegen nur vereinzelt. Auf der Insel Rügen und in Vorpommern bis zur Peene heißt er aber -Burrkäwer-.
Der Burrkäfer ist auch in Mecklenburg bis Holstein geläufig.
Der Dichter Rudolf Tarnow hat für seine plattdeutschen Werke (Teil 2 und Teil 3) die »Burrkäwers« als Buchtitel gewählt.

Laternenumzüge am Martinstag

Der 11. November ist »Martinstag«, er war schon immer ein wichtiger Abgabetag für die Landbevölkerung. Gänse waren besonders gern gesehen. Wer erinnert sich nicht an die »Heiden von Kummerow« von Ehm Welk, mit Martin Grambauer und der Martinsgans für den Herrn Pastor.
Martin ist der Patron der Gänsezüchter, so erklärt sich auch der Namenstag. Sein voller Name lautet Bischof Martin von Tours, ein Heiliger, der sich bei Katholiken und Protestanten gleichermaßen großer Beliebtheit erfreut. Der Legende nach teilte er während seiner Soldatenzeit seinen Mantel mit einem Bettler.
Weltliche und geistliche Herren hielten an diesem Tag die

Hand auf. Neben dem Pastor bekam auch der Dorflehrer sein Fleisch- und Wurstpaket von der Herbstschlachtung der Bauern.
Besonders Kinder liebten den Martinstag, zu dem traditionell Lichtsegnung und Laternenumzüge gehörten. Mit dem Laterne gehen sollten einst die Dämonen vertrieben werden. Mit ihren Gesängen vor den Haustüren forderten die Kinder ihren Teil von der Abgaben-»pflicht« und erhielten Süßigkeiten und Fastlobendstuten. Der 11. November hat seit Jahrhunderten prägende Bedeutung. Für die evangelischen Christen ist das Datum auch als Tauf- und Namenstag von Luther wichtig.
Am Martinstag begann die früher achtwöchige Advents- und Fastenzeit. Der Bischof von Tours hatte gefordert, bis Weihnachten dreimal zu fasten. Die Verbindung zur Faschingszeit ist nicht weit hergeholt, denn am 11. November beginnt die Karnevalszeit, die aus den mittelalterlichen Narrenfesten hervorgegangen ist. Diese wiederum hatten ihre Wurzeln in den klassischen Krippenspielen.

Swinslachten

Hurra! Nu is dat Fastelnacht!
Nu gifft dat frische Kost!
Hurra! Nu is üns Fettswien slacht´t,
dor hängt he an de Post!

Nu ward dat´n Läben,
nu gifft´t Smolt und Greeben,
Kohl-, Blot-, Grütt- un Hackwust,
Mett-, Läwer- un Knackwust!

Un Vadder schüfft sin Klott un seggt:
»He is dörch und dörch gesund,
he hett keen eenzig Finn
und weggt sin drüddhalfhunnert Pund.«

Un Modder seggt: »He is snickenfett,
da hett´ck noch ´ne Flom;
de is so fast as ´n Eekenbrett
un so witt as Stutenkrom!«
Un Trin, de kann een in de Koek
herüm marachen hür´n;
de möt dat goot Fatt för de Päk

mit Wipens noch awschür`n.
Un ick, ick müggt, dat morrn all wir,
denn ward tohaugt dat Swin,
denn kümmt de Kätel up dat Füer,
de irst Wust, de is min!

Hurra! Is 't Läben!
Nu gifft't Smolt un Greeben,
Kohl-, Blot-, Grütt- un Hackwust,
Mett-, Läwer- un Knackwust.

John Brinckman

Volkskundliche Besonderheiten

gab es vielerorts in Pommern. In Ställen zum Beispiel sah man es gern, wenn die Schwalben ihre Nester dort bauten – sie sollten nämlich gegen Blitzschlag schützen. Ein Schwalbennest am Wohnhaus war für die Familie ein Symbol des Glückes.

Hochzeitsbräuche

Der Hochzeitsbitter ritt früher auf einem bunt ausstaffierten Pferd aus und lud die Gäste mit »Knittelversen« ein.
Eine altgermanische Sitte, die vom Mann auf die Frau übergegangen war, hielt sich noch in einigen Kirchen. Die Frau trat dem Mann als Zeichen der Herrschaft vor dem Altar auf die Füße. Nach dem Kirchgang reichte man der jungen Frau einen Besen, was Treue zu den häuslichen Pflichten bedeutete. Der Mann bekam ein Brot als Aufforderung, für das tägliche Brot zu sorgen.
Besonders auf dem Lande haben sich überlieferte Hochzeitsbräuche lange gehalten. In den Dörfern beteiligten sich alle Mitbewohner an dem großen Familienereignis. »De Hochtidbidder« war im Vorfeld der Hochzeitszeremonie die Hauptperson. Er lud alle Gäste öffentlich zur Hochzeit ein. Bei großen Bauernhochzeiten verpflichtete der Brautvater seinen Großknecht dazu. Er durfte nicht verlobt sein, mußte Humor besitzen, trinkfest sein und »'n behöllern Kopp« haben, um seinen langen Bittspruch fließend und fehlerlos aufsagen zu können. Dafür wurde der in einem bunten Aufzug einherreitende Bittsteller bei jeder Audienz mit Bier und Branntwein bewirtet.
Der eigentliche Hochzeitstag begann mit dem Ankleiden und

Ausstaffieren der Braut. Die mit Silberfiligran, Glasperlen und langen Bändern verzierte Brautkrone galt als Hauptschmuck. Je wohlhabender die Braut, umso zahlreicher die Bänder. Zur Trauung trug man die besten Stücke der regionalen Tracht: die Braut ein schwarzes Kleid über mehreren unterschiedlich langen Unterröcken, deren bunte Säume abgestuft waren. Um die Taille trug die Braut ein breites »Linsband« von sechs Ellen Länge, über die Schulter ein seidenes Brusttuch, und bei sich das Gesangsbuch - ein Verlobungsgeschenk des Bräutigams – und einen Rosmarienstrauß.

In der griesen Gegend bei Lübtheen zogen sich die Bräute ihre Unterhemden im Schweinestall an, angeblich würden sie dann ihre Kinder genauso leicht bekommen, wie die Sau ihre Ferkel.

Einfacher war der Brauch, sich Dill in die Schuhe zu legen und nach dem Kirchgang leise zu flüstern: »Ik gah un stah up Dill und kann don und laten wat ik will.« Somit sollte die Frau allzeit die Oberhand in der Ehe erlangen.

Während die Braut sich fertig machte, zog der Bräutigam los, um seine »Zukünftige« zur Kirche abzuholen – ihm wurde zunächst eine falsche Braut vorgeführt; ein verkleidetes, häßliches Weib. Dieses Täuschungsmanöver sollte die feindlichen Dämonen von der rechten Braut ablenken. Auf dem Weg zur Kirche wurden dem Bräutigam von jeder Art Haustier ein Haar und eine Feder, zudem etwas Brot und Fleisch in seinen Anzug gesteckt, dann würde er hieran keinen Mangel leiden. Üblich war es, jeden, der dem Brautzug begegnete, mit Branntwein zu bewirten. Gleichfalls zur Abwehr böser Geister wurde der Hochzeitszug begleitet von einer Eskorte junger Leute, den »Biriders«, die mit Terzerol zu schießen und mit Peitschen zu knallen pflegten. Nach der Trauung und dem kirchlichen Ringtausch erwartete die Hochzeitsgäste ein üppiges Festmahl auf der Diele. Charakteristisch waren Hühnersuppe und gekochtes Rindfleisch. Spannend wurde es dann bei Tisch, als der »Hochtidbidder« mit dem »taustülpt Gericht« zur Braut kam. Die Braut mußte dann den Deckel einer ihr gereichten Schale heben, wobei dann ein lebendiges Tier (Sperling, Maus, Kater u.ä.) zum Vorschein kam und unter den Gästen sein Unwesen trieb. Nach traditioneller Übergabe des Brauthahns (meist ein aus Butter oder Teig geformter Hahn als Symbol der Fruchtbarkeit) dankte die Braut den Gästen. Beschwingt und ausgelassen ging es dann zum Hochzeitstanz auf die Diele. Neben dem Ehrentanz der Neuvermählten machten die Köchinnen ihre Runde beim sogenannten Kellentanz. Sie schlugen dabei alles Geschirr entzwei, denn, das wissen wir auch heute noch, Scherben bringen

Glück. Um Mitternacht wurde dann die Brautkrone abgetanzt. Der Braut übergab man feierlich die Frauenhaube. Die alten Weiber sprachen dazu:
»Ik hüll de Brut wol unner den Boen, dat anner Johr enen lütten Soehn. Hier steiht de Mütz up'grönen Twig, ut 'ne jung Fru ward'n oll Wif.« – Das junge Paar besiegelte dies mit einem Kuß.

Jubiläums-Hochzeitstage

nicht vergessen, denn es gibt immer etwas zu feiern:

Grüne Hochzeit		Hochzeitstag
Baumwollene Hochzeit		1. Jahrestag
Hölzerne Hochzeit	nach	5-jähriger Ehe
Zinnerne Hochzeit	nach	6 1/2 -jähriger Ehe
Kupferne Hochzeit	nach	7-jähriger Ehe
Blecherne Hochzeit	nach	8 -jähriger Ehe
Rosenhochzeit	nach	10-jähriger Ehe
Nickelhochzeit	nach	12 1/2-jähriger Ehe
Gläserne Hochzeit	nach	15-jähriger Ehe
Porzellanhochzeit	nach	20-jähriger Ehe
Silberhochzeit	nach	25-jähriger Ehe
Perlenhochzeit	nach	30-jähriger Ehe
Leinwandhochzeit	nach	35-jähriger Ehe

Alumine Hochzeit	nach	37 1/2-jähriger Ehe
Rubin Hochzeit	nach	40-jähriger Ehe
Goldene Hochzeit	nach	50-jähriger Ehe
Diamantene Hochzeit	nach	60-jähriger Ehe
Eiserne Hochzeit	nach	65-jähriger Ehe
Steinerne Hochzeit	nach	67 1/2-jähriger Ehe
Gnadenhochzeit	nach	70-jähriger Ehe
Kronjuwelenhochzeit	nach	75-jähriger Ehe

Hausgeister

Ernst Moritz Arndt erzählt vom Hausgeist, er treibe in Gestalt des »kleinen rauchen Männchens« unter dem Namen »Puk« oder »Kobold« sein Unwesen und sei ein das Haus durchstöbernder Spaß- und Neckgeist. Schlampige Hausfrauen, faule Gesellen und Knechte strafe er, fleißigen und ordentlichen Leuten hingegen helfe er bei der Arbeit. Manche Hausgeister sind ans Haus gebunden, andere dagegen nicht. Meistens sind sie böse! Weiterhin gibt es den »Drak«, »Alf«, »Balb«, »Rasselbock« und »Rotjack«. Die »Puks« waren vorwiegend auf Rügen, Usedom und Wollin bekannt, Kobolde geisterten mehr in Hinterpommern herum.

Der Klabautermann

Der Klabautermann ist ein Schiffsgeist, ein kleines Männchen mit großen Augen, einer schwarzen Jacke und roter Mütze, der aber auch ein blanker Käfer, Laubfrosch oder der Schiffshund sein kann. Mit dem Holz ist er auf´s Schiff gekommen, er hilft in der Not, ist die Seele des Schiffs; man muß ihn pflegen.
Als einst eine Besatzung den Schiffshund von Bord jagte, ging ihr Schiff unter. Vor manchem Unheil verläßt der Klabautermann das Schiff von selbst.

Die Walpurgisnacht

Die Nacht zum 1. Mai ist die Walpurgisnacht, die unsere Ahnen sehr fürchteten, da sich dann Hexen an geheimen Orten treffen und mit dem Gesicht nach außen links herum tanzen sollten. In der Nacht zum 1. Mai soll sich die Hexen-Sekte an abgelegenen Orten heimlich treffen, um mit dem Teufel zu paktieren, zu feiern und die Gegenwelt des Satans aufzubauen. Der Name »Walpurgisnacht« geht dabei auf die Benediktinerin Walpurga (710 - 779) zurück, die als Schutzpatronin vor Hexerei verehrt wird.
Neben den Tänzen der Hexen gab es üppige Mahlzeiten.

Der erste Hahnenschrei beendete das Gelage, woraufhin sich Speisen sowie Eßgeschirr als Kohlen oder Pferdeäpfel erwiesen. Die Instrumente der Spielleute waren bei Tagesanbruch nichts mehr als Katzenschwänze und Totenknochen.

Letztendlich ist es aber besser, über Hexerei lachen zu können, anstatt sich davor zu fürchten. Es fanden diesbezüglich jedoch Hexenprozesse statt, die letzte Hinrichtung erfolgte in Deutschland im Jahr 1775.

Die bekannteste der Hexen aus Mecklenburg-Vorpommern ist unbestreitbar Maria Schweidler, die Bernsteinhexe von Usedom. Sie hat ihren Platz in der Weltliteratur – aber es hat sie nicht gegeben. Das Tagebuch des Koserower Pfarrers Abraham Schweidler, der über das Schicksal seiner Tochter zur Zeit des Dreißigjährigen Krieges Aufzeichnungen gemacht hat, wurde von Wilhelm Meinhold (selbst Theologe und Pfarrer in Koserow) geschrieben und 1843 veröffentlicht. Er hatte sich als der Entdecker der Aufzeichnungen ausgegeben, um seinem Werk Aufmerksamkeit zu verleihen. Später hat er selbst seine Autorenschaft zugegeben.

Könke Latsch, die Hexe von Kröpelin, ist eine derjenigen Frauen, die es tatsächlich gegeben hat. Die umfangreichen Akten des Prozesses gehören dem Archiv der Stadt Kröpelin. Es wird auch von weiteren authentischen Hexenprozessen berichtet: so von der Klosterhexe Sidonia von Borcke, die am 30. Juli 1620 auf dem Rabenstein vor Stettin enthauptet wurde – als Adlige entging sie dem Feuertod. Auch von der Tillsche Schellwegen ist hier die Rede, die »Hexe vom Fischland«. Sie bestieg am 17. Mai 1664 einen vor den Toren Güstrows aufgebauten Scheiterhaufen.

Laute Glocken gegen die Nebelmännchen

November, der Monat des Nebels, er wurde für Menschen in vergangenen Zeiten als Bedrohung an Leib und Leben empfunden. Mit dem Nebel einhergehende gesundheitliche Gefährdungen ließen den winterlichen Dunst als leibhaftiges Übel für den Menschen erscheinen. Nicht umsonst heißt es im Volksmund »Auf Nebel stark füllt Tod den Sarg« oder »Der Nebel frißt seine Kinder«. Um die durch den Nebel entstandenen Schäden möglichst gering zu halten, wurden bei solchen Wetterlagen früher die Glocken geläutet und auch das Abendläuten sollte – altem Aberglauben zufolge – Macht und Umfang der nächtlichen Nebelschwaden begrenzen. Doch die gefürchteten Nebelmännchen sollen sich auch auf so manchen Handel eingelassen haben. Der Sage nach haben sie vielerorts versprochen, kein

Unwesen zu treiben, wenn das Abendgeläut eingestellt oder noch besser sämtliche Kirchenglocken unwiederbringlich im nächsten See versenkt würden. Selbst für die ihr Unwesen treibenden Nebelmännchen ist es nur schwer zu ertragen, wenn ihnen in steter Regelmäßigkeit die Kirchturmglocken auf unsanfte Weise um den Kopf schlagen. Die Bauern sahen aber auch ihre Vorteile im Nebelereignis, Bauernregeln besagen »Fallender Nebel und Nebelregen, schönes Wetter zu machen pflegen« oder »Nebel im Advent kündigt eine gutes Obstjahr an.«

Märchen und Sagen

Pommersche Sagengestalten können sich nach L. Mackensen in verschiedenen Hexenarten zeigen. Das können z.B. Werwölfe (Mann-Wölfe) sein, sie sind das Gegenstück zu Hexen und sie sind kugelfest. Erkennt man einen Werwolf, dann sagt man seinen Namen, so zwingt man ihn in die menschliche Gestalt zurück.

In den Schummerstunden, besonders im Winter, wenn die Stürme brausten und tobten und an den Fensterläden rüttelten, wurde früher mit Vorliebe am warmen Ofen gesessen und den Kindern Märchen und Sagen erzählt. Es war aber auch die anheimelndste und wiederum unheimlichste Zeit für

Spökerie-Geschichten, denen man mit Spannung und Schaudern lauschte. Ortsgebundene Märchen gab es in vielen Gegenden. Über Klaus Störtebecker, der 1402 in Hamburg hingerichtet wurde und später als Volksheld, als Freibeuter, verehrt wurde, gibt es örtliche Sagen, die mit den Schlupflöchern im Königsstuhl auf Rügen zusammenhängen. So sah man manchmal um Mitternacht ein schwarzes Schiff anlegen, von dem Störtebecker mit seinen Männern an Land ging, alle trugen sie den Kopf unter dem Arm, um aus den Schlupflöchern den versteckten Schatz herauszuholen.

Erzählt wurde auch von einem Mönchguter Bauernsohn, der das »Aalblüsen« (eine alte Jagdart, bei der man nachts mit loderndem Feuer das Tier blendete und mit dem Speer erstach) so leidenschaftlich betrieb, daß er nach dem Fluch seiner Mutter bis zum »Jüngsten Tag« auf dem Wasser »blüsen« muß. Zuweilen konnten die Leute nachts sein rotes Licht auf den Wellen leuchten sehen.

Der Maler Philipp Runge aus Wolgast übergab den Brüdern Grimm für ihre Märchensammlung das beliebte Märchen »Von dem Fischer un syner Fru« in plattdeutscher Originalfassung; darin heißt es: As de Mann an den Strand köhm, wör de See ganß grön und geel un gor nich meer so blank; so güng he stan un säd:

»Manntje! Manntje! Timpe Te!
Buttje, Buttje in de See!
Myne Fru, de Ilsebill,
de will nich so, as ik wol will.«

Do köhm de Butt answemmen un säd: »Na wat will se denn?« »Ach, säd de Mann«, »ik hebb dy doch fungen hatt, nu säd myn Fru, ik hadd my doch wat wünschen schullt. Se mag nich meer in`n Pißputt wanen, se wull geern `ne Hütt.« Die gewünschte Hütte steht dann auch da, aber die Wünsche der Ilsebill sind ohne Grenzen. Das hat schlimme Folgen, jeder kennt das Märchen!

Der kluge Kakadu

Volksmärchen aus dem historischen Vorpommern
Hinstoff Bökerie 15 - VEB Hinstoff Verlag Rostock
1983

Käppen Waterhauhn hett'n kloken Kakadu, dee sihr schön spräken kann un dee in de ganze Wahnung rümfleigen dörf. Na, dee kümmt uck ees ut Verseihn in de Koek to fleigen un lett dor in de Pann, wur grad´ ´n prächtigen Pannkoken in prutzeln deit, wat fallen, wat dor nich ringehürt. Mudder Waterhauhnen nimmt in helle Wut de Pann und sleiht dormit de arme Lora up'n Kopp. Na, Pann un Koken wiren bannig heit, un so güng denn nu de schöne Fedderkron, dee

Lora up'n Kopp harr, in de Wicken, un sei kreeg' 'n kahlen Kopp.
Eins schön'n Dags kriggt Käppen Waterhauhn Besäuk von Käppen Kielwater, dee nich mihr Hoor up'n Kopp harr as'n Körbsen.
Uns' Lora kiekt sich ierst 'ne Tietlang den'barsten Kopp an, un denn seggt se mit ees: »Hest du uck wat in de Pann makt?«

Warum die Flunder ein schiefes Maul hat

Volksmärchen aus dem historischen Vorpommern
Hinstoff Bökerie 15 - VEB Hinstoff Verlag Rostock
1983

Dat was an eenen schönen Frühjohrsdag, doon begegent sich Flunner un Hiring unnerwegs.
De een will to Land'n, de anner kam von'n Land'n. »Hier Platz gemacht« reep de Hiring, as se sich nehger kemen, denn he bild't sich noch ümmer'n grot Deel in, wiel he in ollen Tieden ees tom König von alle Fisch utropen was.
De Flunner oewer keek den Hiring mit ehre groten Ogen an un frög' dorgegen: »Wat büst du för een?«
»Ich bin der Hering«, säd de anner in demsülwigen forschen Ton.

»Wur is ´t moeglich«, antwurt´t doon de Flunner un treckt dorbie dat Muul scheef, »is de Hiring denn ok´n Fisch?« Grad, as se disse letzten Wüürd´sprök, ging de Wind üm, un dorüm bleew ehr dat Muul scheef stahn. –
So is´t kamen, dat de Flunner bet up den hüütigen Dag ´n scheewes Muul hett.

Das Mäuschen und die Mettwurst

De Muus un de Mettwust wahnten tosaam un künnen sik good verdrägen. Den eenen Sünndag güng ümmer Müüschen na de Kirch, den annern Mettwüüschen. As nu Müüschen eens wedder to Kirch is, maakt Mettwüüschen Middag. Se denkt: Wenn Müüschen na Huus kümmt, is se dull dörchfroren, ik will ehr `ne schöne Kohlsupp maken. Dat deit se ok. – As nu Müüschen von de Kirch na Huus kümmt, setten se sik beid`an`n Disch. »Wat smeckt de Kohlsupp schön«, seggt Müüschen. »Dat glööw ik«, seggt Mettwüüschen, »ik bün door dreemal dörchlopen.« Dat saßt die marken, denkt Müüschen, dat man dörch de Kohlsupp lopen mööt, wenn se schön smecken sall.
Annern Sünndag geiht Mettwüüschen to Kirch, un Müüschen will Middag maken. Se kriggt ok korten Kohl to

Füür, un as de Supp richtig kaaken deit, springt se na den Pott rin. Oewer de Kohl is to heet, un Müüschen kann nich wedder ruterkamen.
As nu Mettwüüschen ut de Kirch kümmt, is Müüschen nich door. Se söcht ümher, un an`n Enn` denkt se: Müüschen is woll `n bäten spazieren gahn, saßt die man `n Töller vull Supp upfüllen.
As se nu mit den Loepel up `n Grund langt, kriggt se Müü-schen to faten. Door fängt se ludhals an to roren:

»Müüschen is doot,
Müüschen is doot,
Mettwüüschen is in groote Noot!«

Door kümmt de Hund an und fröggt: »Wat fählt di?« »Ach, Müüschen is in`n Kohl verdrunken.« »Denn will ik di kla-gen helpen!« Un de Hund seggt: »Wauwau! Wauwau!« Donn kümmt de Koh un fröggt: »Wat maakt ji hier för`n Larm?«
»Ach, Müüschen hett sik in`n Kohl versapen!«
»Denn will ik die bröllen helpen!« Un de Koh seggt: »Buh! Buh!« Donn kümmt de Hahn un seggt: »Kikerieki!« Un dat Swin seggt: »Morx, morx, morx!« Toletzt kümmt de Katt un seggt: »Miau!«
As oewer de Katt anfängt to miauen, verfiert sik Müüschen un ward wedder lebendig un springt uut den Loepel. Door

gahn de annern Tiere na Huus, un Müüschen un Mettwüü-
schen blieben wedder tosaam.
Oewer Müüschen hett nie wedder Kohlsupp kaakt, dat hett
ümmer Mettwüüschen dohn müßt.

Ein Märchen aus der Sammlung von Richard Wossidlo

Jetzt ist's aus, da rennt eine Maus,
hat einen roten Kittel an,
morgen fängt die Geschichte wieder an!

Fleischbreisuppe.

Reste von gekochtem Rindfleisch, Braten od. sonstigem Fleisch werden mit 1 kleinen Zwiebel und etwas Petersiliengrün durch die Maschine getrieben. In einem Tiegel Fett od. Butter heiß gemacht und das Fleischbrei 5 Min. zugedeckt gedünstet und unter stetigem Rühren mit kochender Fleischbrühe aufgegossen.

Tomatensuppe.

Etwa 6 mittelgroße Tomaten werden gewaschen und in Scheiben geschnitten, 1 Eßlöffel Butter od. Fett heiß gemacht, die Tom. sowie 1 kleine fein gewiegte Zwiebel und etwas gew. Petersilie hinein gegeben u. langsam gedünstet. Dann ein fein gerührtes Mehlteigchen daran gegeben, gesalzen und mit Wasser od. Fleischbrühe aufgegossen, durch ein Sieb passiert und über gerösteten Semmelwürfel angerichtet.

Kerbelsuppe

3-4 Hände voll Kerbelkraut wird gewaschen

Epilog

Große Unterstützung für dieses Buch fand ich in Susanne Schlundt, einer gebürtigen Vorpommerin, und meinem Sohn Steffen Göllnitz, einem echten Mecklenburger. Beide waren in Vorpommern auf Spurensuche nach alten Rezepten, nach Bräuchen, sie haben Nachbarn befragt, eine alte ansässige Fischerfamilie mit privatem und traditionellem Räuchereibetrieb aufgesucht und in persönlichen, handschriftlichen alten Familienrezepten gestöbert. Danke an alle, die dabei geholfen haben, wie Eltern, Verwandte, Freunde, Nachbarn und Bekannte, beim Erinnern und Suchen nach alten Aufzeichnungen, überlieferten Rezepturen, lustigen Kinderreimen, Gedichten, Liedern, altem Gedankengut über Aberglauben, Traditionen und Bräuche der Vorpommer'schen Region und vielem mehr, was in dieses Buch letztendlich mit eingeflossen ist, um Erinnerungen zu wecken und Begebenheiten im Familienkreis wieder aufleben zu lassen und es natürlich den Enkelkindern weiterzuerzählen.

Ein besonderer Dank geht an Elke Mucha, eine Schulfreundin, mit der ich durch das erste Kochbuch »Nostalgische Gaumenfreuden aus Mecklenburg – für Leute von heute« wieder in Kontakt kam. Sie hat mir für dieses Projekt das alte Kochbuch ihres Groß-Muttchens, Anna Petersen, Jahrgang 1881, zur Verfügung gestellt. Dieses Buch, ein Jahrhundertbegleiter der Familie, wurde bereits liebevoll neu gebunden und ist ein kostbares Erinnerungsstück für die Familie. Drei Generationen hat es bereits in der Küche begleitet und die nächste Generation wartet darauf, es weiter in Ehren zu halten. Das Buch hat die Kriegswirren überstanden und ist mit dem Flüchtlingstreck von Stettin nach Rostock gelangt. Es war für mich u.a. eine wertvolle Bereicherung für die Auswahl der Rezepturen, insbesondere aber auch, weil ich Groß-Muttchen in der Kinderzeit als eine sehr warmherzige und liebevolle Frau kennengelernt habe und wir Kinder bei ihr immer willkommen waren – ja, da sind sie schon, die Erinnerungen an die schöne Kinderzeit!!!

Einige alte und bewährte Rezepturen aus den Regionen Ostpreußen, den Masuren, Schlesien und aus dem Pommernland haben durch die Flüchtlingswelle zum Ende des Krieges, insbesondere in Vorpommern, ihre Spuren in der Küche hinterlassen. Einige finden sich in diesem Buch wieder, sie sind es einfach wert, mit aufgenommen zu werden, um sie nicht zu vergessen. So haben sich durch die Flüchtlingswelle in unserer Region Rezepte eingebürgert, die früher gerne gekocht und serviert wurden, und die auch heute

noch auf dem Speiseplan zu finden sind, wie z.B. das Gericht »Schlesisches Himmelreich«, die leckeren »Königsberger Klopse«, die auch als »Saure-Soß-Klopse« bekannt sind, und die früher als bäuerliches Sonntagsgericht galten. Mein Anliegen mit diesem Buch ist es, nicht zu vergessen, um Traditionen weiter leben zu können.
Ich danke für die Unterstützung an diesem Buchprojekt.

Bei der liebevollen und großen Zuarbeit für dieses, inhaltlich etwas anders gestaltete Kochbuch «Nostalgische Gaumenfreuden aus Vorpommern«, möchte ich mich insbesondere bei folgenden Personen herzlich bedanken, ohne die das Buch nicht das wäre, was es ausmacht:
Susanne Schlundt und Steffen Göllnitz, Wolfgang Göllnitz, Hannelore und Ernst Matz, Bärbel und Peter Wilhelm jun. & sen., Leni Lehnhardt, Margrit und Horst Eberhard Schlundt, Birgit Miesch, Inge Fischer, Lothar Mergenthal, Janina Mergenthal, Renate Frahm, Lydia Krüger und Panille Johnson-Alm, Gerda Beutz, Ute und Jochen Heinzel, Ingrid Lepski, Elke und Peter Muche, Christa Lückemann, Heidi Zühlke, Wolfgang Karl, Gerda Metschuck, Günther Havemann, Ilse Baade, Gisela Tornow, Barbara Relitz, Zahnärztin Sabine Busse, Monika Thürmann-Rechtsanwalts-Kanzlei-Thürmann, Renate Baumgardt.

Magrit Göllnitz

Quellennachweis

Vorpommern aus Wikipedia, der freien Enzoklopädie
http://www.wikidedia.org/wiki/Vorpommern

»Alte Rezepturen von Mudder Schulten«
Verband der Journalisten der DDR Neubrandenburg
»Mecklenburg-Vorpommern«
Konrad Reich Verlag - 1995

»Ich will euch was erzählen ...«
Deutsche Kinderreime
ausgewählt von Anne Gabrisch,
Verlag Philipp Reclam jun.
Leipzig 1980

»Kreuzbube Knud«
Aus der Sammlung Richard Wossidlos
Kinderbuchverlag Berlin

Heinz Butzlaff »Pommern – Land und Meer«
Sonderausgabe Stürtz, Verlag GmbH Würzburg

Christian Madaus »Püstern in Mecklenburg«
Stock & Stein Verlags-Gmbh Schwerin 1994

»Großmutters Hausmittel neu entdeckt«
2000 Reader´s Digest
Verlag das Beste GmbH Stuttgart, Zürich, Wien

Forschung & Wissenschaft: Außenseiter-Methoden
»Selbstheilungskräfte« – Apothekenumschau 02/2003

OZ 2./3. Januar 1999 – Heimatgeschichte –
Mechthild Wiedner
»Hexen und Geister spuken durch die Rauhnächte«

Anthea Kalender 2006
»Uraltes Wissen von Heilung und Weisheit«
Moewig-Verlag

»Omas Küche Anno 1899« – Waltraud Wosch

»Polnische Spezialitäten« – 1979
»Pilze und Wildfrüchte« – Friedrich Gröger – 1985
Verlag für die Frau – DDR Leipzig

»Berliner Küche«
Komet Verlag GmbH, Köln

»Großer Haushalts-Ratgeber«
2005 by Lingen Verlag Köln

»Das große Erhardt Kochbuch«, Stettin
ohne Nachweis von Verlag und Jahreszahl

Heischegang zu Ostern, Volksblatt für Mecklenburg
»Die Heimat« vom 04.06.1911 – NNN Auszug

»Spass möt sin«
Wat de Lüd säden – Renate Herrmann-Winter
Verband der Journalisten der DDR, Rostock
Bezirksverband – Ostseezeitung

»Das große Buch der Bauernweisheiten«
Rudolf Eisbrenner
2003 Parkland Verlag , Köln

»Königskochbuch für die bürgerliche Küche«
Globus-Verlag G.m.b.H., Berlin

»Pilze und Wildfrüchte«
Frieder Gröger
Verlag für die Frau, DDR Leipzig

Einkochen, Entsaften, Einfrieren
Verlag für die Frau
Leipzig-Berlin
Druckgenehmigungsnummer 126/405/17/82

Kolummnen – Beiträge von:
Dr. Wolfram Hennies – Pfingstbräuche
Mecklenburg Magazin – NNN, Freitag 13.05.2005

Jürgen Rabbel, “Prosit Niejohr,...”
Mecklenburg Magazin – Nr. 52 /2005 – NNN

Christian Satorius – "Hexentanz und Teufelspakt"
NNN, 29./30.04.2006

Werner Behrens, OZ vom 22./23.12.2001
»Am Tannenbaum hingen Pellkartoffeln«

Heinz Müller – OZ, 23.08.1997 – »Austtied«

Wilfried Steinmüller - OZ, 14./15.04.2001
Vom »Stiepen« und dem »Rummelpott«

K.-H. Hernickel – OZ, 04./05.04.1998
»Mit der Rute aus dem Bett geholt«

Gesine Kröhnert, OZ, 28.06.1997
»Hochzeitsbräuche aus längst vergangenen Zeiten«

dpa – OZ 25.11.1997"Laute Glocken gegen die Nebel ..."

Frank Schlösser, OZ 13/14. Nov.1999
»Hexen auf dem Scheiterhaufen« – Prozeßakten in Büchern ...

Anne Sommer – OZ 30.03.1996
»Gründonnerstag – Vergessene Bräuche und Gerichte«

Coop-Magazin Fasching feiern ... Nov.-Heft-2005
T. Sternberg »Laternenumzüge sollen böse Geister vertreiben«

Grafikverzeichnis

»Koche auf Vorrat Band 1«
11. Auflage
»Koche auf Vorrat Band 2«
7. verbesserte Auflage
Herausgeber: J. Weck G.m.b.H., Öflingen
Amt Säckingen (Baden).
Druck von R. Th. Hauser & Co.
Frankfurt am Main

»Neues allgemeines Kochbuch«
Rose Stolle-Unterweger
5. unveränderte Auflage
Verlag von Wilhelm Möller/Oranienburg

»Alter Fischer mit Pfeife« nach Titelfoto von
Leben an der Ostseeküste Mecklenburg-Vorpommern:
– Fotographien aus vergangener Zeit – Bruno Benthien
Wartberg Verlag 1995

Notizen:

Notizen: